마케팅은
숫자 싸움이다

마케팅은

숫자 싸움이다

츠바키 이사오 공인회계사 사무실 지음

이코_북
Eco.Book

마케팅은 숫자 싸움이다

초판 1쇄 인쇄 2003년 12월 5일
초판 2쇄 발행 2004년 12월 20일

지은이 츠바키 공인회계사 사무소
옮긴이 김은주
펴낸이 박종홍
펴낸곳 이코북

주소 마포구 동교동 158-24 혜원빌딩 4층(등록 제10-2551호)
전화 02)335-6936
팩스 02)335-0550
이메일 ecobook@msn.com

가격 10,000원
ISBN 89-90856-02-7   03320

마케팅, 이 정도만 알아도 승승장구!

●● 숫자로 증명하지 못하면 설득력 없다

회의나 면접에서 '그냥, 어쩐지…', '~처럼 생각합니다' 식의 막연한 이야기에는 아무도 귀기울여주지 않는다. 그런 막연한 이야기에는 설득력이 없기 때문이다.

회사는 이익을 내기 위해 존재한다. 그러므로 이익을 내지 못하는 사원은 해고당할 수밖에 없다. 그래서 중요해지는 것이 비즈니스 숫자와 마케팅 지식이다.

●● 비즈니스에서 복잡한 숫자는 필요 없다

비즈니스 세계에서 숫자만큼 중요한 역할을 하는 것은 없다. 비즈니스 숫자란 매출액, 코스트, 이익, 자산 및 부채, 결산서 등에 등장하는 숫자를 의미한다.

비즈니스맨들이 흔히 접하는 단어는 결산서나 회계 같은 용어이지만 이런 용어에 전문가가 되려면 엄청난 시간과 노력, 돈이 든다. 하지만 일반 비즈니스맨은 어려운 회계 공부까지 할 필요는 없다. 숫자의 기본만 파악하고 있으면 그것으로 충분하다.

•• 마케팅이 점점 더 중요해지고 있다

성장과 호황의 시대가 끝나고 불황과 인구감소 추세가 계속될 것이라는 예상은 기업으로 하여금 급격한 매출 증가를 기대하기 어렵게 한다. 그래서 점점 중요해지는 분야가 바로 마케팅이다.

즉, 오늘날과 같이 매출이 늘지 않는 불황의 시기에도 마케팅을 잘하기만 하면 돈을 벌 수 있다는 얘기가 된다.

•• 전략을 알면 사업이 즐거워진다

비즈니스 숫자와 마케팅을 이해하면 자기 사업이 어느 부문에서 돈을 벌고 있는지, 어떻게 벌어들이고 있는지를 한눈에 파악할 수 있다. 그리고 무엇보다 중요한 것이 비즈니스 현장에 직접 적용할 수 있게 되는 것이다. 다시 말해 일상 업무 속에서 코스트를 늘 의식하게 되고 회의나 면접에서도 자신의 생각을 숫자로서 설득력 있게 설명할 수 있게된다.

직업상 공인회계사나 세무사들은 수많은 기업들을 진단하게 된다. 이 때 숫자를 읽는 능력은 우리 같은 직업인들에게는 반드시 필요한 요소다. 특히 우리의 경우, 기업의 매수나 합병·분할·주가 평가 등 기업의 가치를 계산하는 전문가 집단으로서 활약하고 있다. 기업의 경영 상태나 재산 상태를 항상 숫자로써 파악하고 이해하므로 숫자를 읽는 능력에는 강한 자신감을 가지고 있다.

하지만 일반 비즈니스맨이 난해한 비즈니스 이론까지 속속들이 이해할 필요는 없다고 보며 숫자가 완성된 토대 즉, 비즈니스의 기본적인 틀을 이해하는 것으로 충분하다고 본다. 여기서는 중요한 핵심을 이해하기 쉽게 설명하려고 노력했다.

이 책이 현장에서 활약하는 비즈니스맨들에게 조그만 도움이 된다면 더할 나위 없는 기쁨이겠다.

공인회계사 츠바키 이사오

CONTENTS

프롤로그 **전문가가 아닌 이상 이 책으로 충분하다**

| 코스트 감각을 지니면 이익을 낼 수 있다

1 이익 구조를 이해하자

2 코스트의 핵심을 이해하자

Case Study
어느 쪽이 이득인가

II 회계 감각을 익히면 회사를 파악할 수 있다

결산서는 이것만 알아도 OK

2

경영 분석은 이것만으로도 충분하다

Case Study
실제 회사를 경영 분석해 보자

전문가가 아닌 이상
이 책으로 충분하다

2
8 34
6 7 9

이익을 내지 못하는
비즈니스맨은 필요 없다

회사는 돈을 벌기 위해 존재한다

●● 비즈니스 숫자를 이해하지 못하면 전략을 세울 수 없다

회사는 이익을 내기 위해 존재한다. 반대로 이익을 내지 못하는 회사는 존재 이유가 없으며 이는 경영자나 사원들에게 똑같이 적용된다. 즉 이익을 내지 못하는 경영자나 사원은 존재 이유가 없다. 과격하게 들리겠지만 이것이 현실이다.

회사의 활동은 처음부터 끝까지 숫자(여기서는 비즈니스 숫자로 표현하겠다)로 표시되는 것이 중요하다. 이 비즈니스 숫자를 이해하면 회사가 이익을 내고 있는지 아닌지 저절로 파악하게 된다.

그런데 이익을 냈는지 손해를 보았는지는 어디까지나 결과로서만 알게 되는 것들이다.

여기서 중요해지는 것이 전략이다. 전략이 없는 회사는 이익을 낼 수 없다. 그런데 전략도 비즈니스 숫자를 이해하지 못하면 결코 세울 수 없다. 대부분의 전략은 숫자라는 요소가 뒷받침하고 있기 때문이다. 그러나 전문가가 아닌 이상 난해한 경영 지식까지 알 필요는 없다고 본다. 따라서 이 책에서는 최소한 기본적으로 알아두어야 할 비즈니스 숫자를 대상으로 설명하고자 한다.

비즈니스 숫자는 무엇을 위해 존재하는가?

비즈니스 숫자를 이해한다

적확한 의사 결정을 한다
전략을 세운다

이 익

POINT

회사가 이익을 내기 위해서는 비즈니스 숫자를 이해할 필요가 있다

•• 적확한 의사 결정을 내리지 못하는 비즈니스맨은 무용지물

비즈니스 현장은 매일 매일이 의사 결정의 연속이다. 이익이냐 손해냐를 선택해야 하는 의사 결정, 즉 어떤 상황에서 어떤 행동을 취하는 것이 이익인지를 판단해야 하는 의사 결정을 끊임없이 하게 된다. 그런데 현장에서 시시각각 요구되는 의사 결정은 정확한 숫자가 뒷받침되어야 하며 숫자로 증명해내지 못하는 의사 결정은 설득력이 없다.

일례로, 책임량에 관해서 생각해보자. 책임량은 회사가 이익 목표를 달성하기 위해 설정하는데, 대부분의 경우 숫자로 표시되어 있다.

예를 들어 매월 책임량이 1억 원일 경우, 1억 원어치를 판매하지 못하면 사원들의 급여나 상품 매입, 사무실 임대료 등의 코스트를 충당할 수 없게 될지도 모른다. 이 경우의 책임량은 코스트에서 역산한 것이라고 할 수 있다.

이와 같이 책임량이나 목표 등을 설정할 때는 모든 코스트나 목표 이익 등을 숫자로 표시해야 한다. 즉, 숫자로 증명하지 못하는 의사 결정은 현장에서 절대로 통용되지 않는다. 물론 때로는 직감이나 배짱도 필요하겠지만 그것은 어디까지나 비즈니스 숫자를 파악한 다음의 이야기이다.

그러므로 비즈니스 세계에서는 경영자뿐만 아니라 모든 비즈니스맨들이 비즈니스 숫자를 이해하고 있어야 한다. 특히 고용이 불안한 요즘 같은 때 비즈니스 숫자를 모르면 곧바로 무능력한 인간으로 평가받을 것이며, 뛰어난 능력이 있더라도 자신의 능력을 비즈니스 숫자로 표현하지 못한다면 제대로 인정받지 못할 것이다.

비즈니스 현장은 의사 결정의 연속

이익은?

코스트는?

재고는?

거래처는?

전략은?

POINT

적확한 의사 결정을 위해서는 비즈니스 숫자를 이해할 필요가
있다

비즈니스 숫자를 이해하면
비즈니스가 보인다

먼저 이익 구조와 결산서, 그리고 마케팅

•• 이익 구조와 결산서부터 이해하라

비즈니스 숫자는 이익 구조와 결산서로 구성되어 있다.

이익 구조는 매출, 코스트, 이익의 관계를 정확하게 파악하면 이해할 수 있다. 당연한 이야기지만 매출이 같을 경우, 코스트를 적게 들인 쪽이 더 많은 이익을 낼 것이다. 이익과 코스트는 밀접히 관련되어 있으므로 이 관계를 정확하게 이해함으로써 적확한 의사 결정을 내릴 수 있게 된다.

결산서는 회사가 활동하는 일정 기간의 결과, 즉 상품을 생산해내는 등의 사업을 지속하는 일정 기간 동안의 결과를 나타낸다. 특히 결산서는 회사 외부의 사람들에게 보고하는 것이므로 일정한 법칙에 따라서 작성한다. 결산서를 이해하면 회사의 평가는 물론이고 회계에 관해서도 파악할 수 있게 된다. 그리고 이익 구조와 결산서는 밀접한 관계가 있고 중복되는 부분도 많다. 이는 회사가 사업을 지속함으로써 나타나는 '숫자'이므로 너무나 당연한 것이다. 간단하게 말해 비즈니스 현장에서는 '이익 구조'가 되고, 결과 보고의 형태는 '결산서'가 된다.

그리고 이익 구조와 결산서를 볼 때 가장 중요한 것이 코스트이다. 왜냐하면 이익은 매출에서 코스트를 뺀 것이기 때문에 이익을 내기 위해서는 코스트 관리 즉 원가 관리가 불가결한 요소이다. 이 책에서는

이익 구조

매출, 코스트, 이익의 관계를 정확하게 이해할 것

결산서

자사나 타사의 경영 상태를 파악하게 되고
회계 지식도 익히게 된다

 POINT

이익 구조와 결산서를 이해하자!

코스트에 관해서도 상당 부분을 할애해서 자세히 설명하겠다.

실제로 대부분의 회사들이 매출의 단 몇 퍼센트밖에 이익을 내지 못한다. 그래서 더더욱 비즈니스 숫자를 이해하고 코스트를 정확하게 관리하는 것이 중요해진다.

●● 마케팅을 모르면 매출이 늘지 않는다

그런데 이익 구조와 결산서를 이해하는 것만으로는 충분치 않다. 이익 구조는 얼마나 효율적으로 이익을 내고 있는가에 중점을 둔 것이며, 결산서는 어디까지나 그 결과물에 불과하다. 다시 말해 매출 신장을 위해서는 이익 구조와 결산서에 대한 이해만으로는 부족하다는 이야기다. 물론 이익 구조와 결산서조차 이해하지 못한다면 매출 신장은 기대조차 불가능하다.

비즈니스 세계에서 매출을 늘리지 못하면 사업은 더 이상 커지지 않으며 아무리 효율적으로 이익을 냈다고 하더라도 그 시점에서 매출이 늘지 않으면 이익에는 금세 한계가 드러난다.

여기서 중요해지는 것이 마케팅이다. 마케팅이란 시장을 조사하여 고객이 원하는 상품을 개발하고 그 상품을 원하는 고객에게 판매하는 것을 말한다.

특히 시장 자체가 더 이상 커지지 않는 오늘날의 기업 환경에서는 고객의 입장에서 생각한 비즈니스가 아니면 생존 경쟁에서 살아남을 수 없게 된다.

이 책에서는 비즈니스 숫자뿐만 아니라 마케팅에 관해서도 알기 쉽게 설명하고자 한다.

왜 마케팅이 필요한가?

비즈니스 숫자만으로는 매출이 늘지 않는다

앞으로는 마케팅을 이해해야 한다

마케팅이란?

시장을 조사하여 고객이 원하는 상품을 개발하고,
그 고객에게 적확하게 판매하는 것
매출이 늘지 않는 시대에는 마케팅이 점점 더 중요해진다

 POINT

매출이 늘지 않는 시대에는 마케팅이 더더욱 중요하다

1

이익 구조를 이해하자

2

8 34

6

7 9

이익 구조란 무엇인가

매출, 코스트, 이익의 관계를 이해하자

•• 이익이란 무엇인가

'이익을 냈다'거나 '당기 이익은 얼마~' 등 주변에서 이익이라는 단어를 자주 접할 것이다. 그런데 이익이 생기는 구조를 막상 이해하고 있는 사람은 과연 얼마나 될까?

자, 우선 이익의 구조에 관해 살펴보자.

원래 이익이란 무엇일까?

한마디로 말해 이익은 [매출－코스트(원가)]이다. 즉, 매출에서 재료비나 인건비 등 넓은 의미에서의 '코스트'를 빼고 남은 액수가 이익이다. 예를 들면 매출이 1000만 원에 코스트가 800만 원이었을 경우의 이익은 200만 원이다. 여기서 중요해지는 부분이 '코스트'를 바라보는 시각이다. 이는 코스트를 어떻게 관리하느냐가 곧 이익을 내는 지름길이기 때문이다.

즉 이익의 구조는 매출, 코스트, 이익의 관계를 의미한다. 예를 들어 과거 100원에 매입했던 물건을 이번엔 90원에 매입했다고 하자. 이때 이익이 10원 늘어난다. 단순 사례만 있는 것은 아니지만, 코스트 관리를 잘하면 더 큰 이익을 낼 수 있다는 말이다.

더구나 요즘은 코스트 관리를 제대로 못하면 생존경쟁에서 살아남을 수 없으므로 이익의 구조를 정확히 이해해야 한다. 지금까지는 대체

이익이란?

이익 = 매출 − 코스트

코스트의 증감이 이익을 좌우한다

코스트 관리가 중요하다

 POINT

이익의 기본은 [매출−코스트]

로 결산서에 주목하는 경향이었으나 앞으로는 이익 구조를 얼마만큼 이해하고 있는가가 중요해진다.

•• 이익의 종류

이익에도 여러 가지 종류가 있다. 매출이익, 매출액 총이익, 영업이익, 경상이익 등 종류도 많고 의미도 각기 다르다. 이렇게 다양한 '이익'이라는 용어는 회계나 세금에 관한 법률에 따라서 의무적으로 정의된 것이 있는가 하면, 단순히 코스트를 계산할 때 사용하는 용어도 있으므로 경우에 따라서 쓰임새가 제각기 달라진다.

특히 결산서 속에는 여러 가지 의미의 '이익'이 등장하는데 이 이익들도 기본적으로는 [매출－코스트]로 산출한다. 다만 결산서 내의 '코스트'의 의미가 조금 달라지므로 주의해야 한다.

매출에서 매출원가를 뺀 것이 매출액 총이익이고 이 매출액 총이익에서 다시 판매비 및 일반관리비를 뺀 것이 영업이익이 된다.

우선 여기서는 이익＝매출－코스트의 공식으로 이익을 이해하기 바란다.

이익의 종류

이익 구조에서 말하는 이익

[매출 - 코스트]

결산서의 이익

매출 총이익
영업이익
경상이익   회계상의 이익
세금 공제 전 당기이익
당기이익

POINT

이익에는 여러 종류가 있으며
경우에 따라 사용되는 방식이 달라진다

이익의 기본을 모르면
아무것도 할 수 없다

우선 매출액 총이익을 이해하자

●● 매출액 총이익은 모든 이익의 기본

매출액 총이익이란 소매점이 매입가 800원에 들여온 상품을 1,000원에 팔았을 경우에 생기는 200원의 이익을 말한다. 매출액 총이익은 아주 중요한 숫자인데, 영업이익이나 경상이익 등 여러 가지 이익의 기본이 되기 때문이다. 이 매출액 총이익에서 여러 가지 코스트를 뺀 것이 각종 이익이 되며, 이 이익들은 매출액 총이익에서 발생하는 것이므로 더 많은 이익을 내기 위해서는 매출액 총이익을 늘려야 한다. 또 '매출액 총이익이 적다' 라는 말은 돈을 못 벌었다는 증거이거나 효율이 떨어진다는 뜻이다.

예를 들어 A상품과 B상품을 비교해 보자.

    A상품 : 매입 가격 500원, 판매 가격 1,000원

    B상품 : 매입 가격 800원, 판매 가격 1,000원

100만 원의 매출액 총이익을 내기 위해 각각 몇 개를 팔아야 하는가?

    A상품 : 한개당 매출액 총이익=500원(1,000원-500원)

    B상품 : 한개당 매출액 총이익=200원(1,000원-800원)

즉, 100만 원의 이익을 내기 위한 매출량은 다음과 같다.

    A상품=2000개(100만 원÷500원)

    B상품=5000개(100만 원÷200원)

매출액 총이익이란 무엇인가?

매출액 총이익 = 매출액 − 매출원가

매출액

| 매출원가 | 매출액 총이익 |

매출원가란?

- 제조업의 경우는 제품을 만들기 위한 코스트
- 소매업의 경우는 매입 가격

(자세한 내용은 60쪽에서 설명)

 POINT

매출액 총이익에서 모든 이익이 나온다

따라서 효율이 높은 즉, 돈을 번 상품은 A상품이다.

A상품과 같이 매출액 총이익이 높은 상품은 많이 팔지 않아도 이익이 높아지는데 비교적 고가의 상품일 경우가 많다. 한편 B상품처럼 매출액 총이익이 낮은 상품은 가능한 한 많이 팔아야 하는데 이렇게 매출액 총이익이 적게 나는 상품을 팔다 보면 매출에 비해 이익이 형편없거나 경우에 따라서는 아예 적자가 날 수도 있다. 상품을 대량 매입하여 싸게 판매하는 대형 가전 대리점이나 슈퍼마켓 등은 이러한 경향이 강해서 박리다매형 업종이라고 말할 수 있다.

●● 효율적으로 이익을 내는 것이 중요하다

매출액 총이익률은 매출액에서 점하는 매출액 총이익의 비율을 의미하며, 다음과 같이 계산한다.

매출액 총이익률(%)=매출액 총이익 ÷ 매출액 × 100

예를 들어 1,000원에 판매할 상품을 만들기까지 소요된 코스트의 합계가 800원일 경우, 매출액 총이익은 200원(1,000원–800원)이다. 이때의 매출액 총이익률은 다음과 같다.

매출액 총이익률(%)=200원 ÷ 1000원 × 100=20%

매출액 총이익률이 높으면 이익을 내기 쉬운 체질이라고 말할 수 있다. 즉 매출액 총이익률은 높으면 높을수록 좋다.

과거에는 매출액, 즉 얼마나 팔았는가가 중시되었으나 요즈음에는 이익률이 어느 정도인가를 더 중요하게 보는 추세다. 다시 말해서 얼마나 효율적으로 이익을 내는가가 회사를 평가하는 포인트가 되고 있다. 따라서 매출액 총이익률은 회사나 사업을 평가할 때 대단히 중요한 요소로 작용한다.

매출액 총이익률이란 무엇인가?

매출액 총이익률(%)=매출액 총이익 ÷ 매출액 × 100

 매출액 총이익 1억 원, 매출액 5억 원일 경우
매출액 총이익률=1억 원÷5억 원×100=20%

매출액 총이익률은 몇 퍼센트 이상이 좋은가?

제조업 23% 이상

소매업 36% 이상

서비스업(요식업) 62% 이상

 POINT

매출액 총이익률은 높을수록 좋다!

코스트를 둘로 나누면
구조가 보인다

•• 변동비와 고정비를 이해하면 이익이 보인다

이익 구조를 이해하기 위해서는 먼저 코스트를 변동비와 고정비로 나눌 필요가 있다.

변동비란 매출액의 증감에 비례해서 소요되는 코스트이다. 구체적으로는 제조업에서의 재료비, 유통업이나 소매업에서의 상품의 매입가를 들 수 있다.

예를 들어 한 개 1,000원에 판매되는 소주의 매입가가 600원일 경우, 소주를 100병 팔면 매출액은 10만 원(1,000원×100병)이 되는 동시에 매입가도 6만 원(600원×100병)이 된다. 이 경우는 매입가가 변동비에 해당한다. 이처럼 변동비는 매출익이 100배 오르면 똑같이 100배가 되는 식으로 비례한다. 또 변동비는 매출에 대한 비율이나 상품 한 개당 비율이 일정하다.

한편 고정비는 매출액과 상관 없이 소요되는 코스트이다. 구체적으로는 인건비, 임대료 등의 코스트가 있으며, 이런 코스트는 매출액과는 상관 없이 발생한다. 예를 들어 종업원 열 명의 기업에서 매출액이 전혀 없더라도 종업원 열 명에 대한 인건비는 발생하며, 반대로 매출액이 1억 원에 이르더라도 인건비 액수는 변함 없다.

그러므로 고정비가 높으면 이익을 내기 위해 더 많은 매출이 필요해

변동비와 고정비를 이해하자

변동비

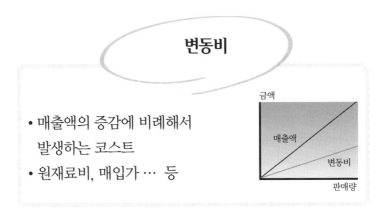

- 매출액의 증감에 비례해서
  발생하는 코스트
- 원재료비, 매입가 … 등

고정비

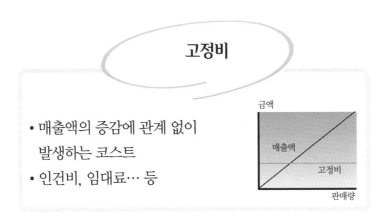

- 매출액의 증감에 관계 없이
  발생하는 코스트
- 인건비, 임대료… 등

 POINT

코스트를 변동비와 고정비로 나누면
이익 구조가 보인다

진다. 결국 고정비가 높은 회사는 이익을 내기 힘든 회사라고도 말할 수 있다.

이처럼 코스트를 변동비와 고정비로 나눔으로써 비로소 상품이나 회사의 이익 구조가 드러나게 된다. 고정비가 높은 회사일 경우, 고정비를 낮추면 더 많은 이익을 낼 수 있으므로 인건비를 줄이는 등의 대책을 세울 수 있을 것이다. 그러나 결산서에서는 코스트를 변동비와 고정비로 나누지 않기 때문에 결산서만 보고는 이익 구조를 파악하기 어렵다고 말할 수 있다.

●● 비율로 생각하면 이익 구조가 보인다

변동비율, 고정비율은 매출액에서 차지하는 변동비와 고정비의 비율을 뜻하며 다음과 같이 계산한다.

변동비율(%) = 변동비 ÷ 매출액 × 100

고정비율(%) = 고정비 ÷ 매출액 × 100

예를 들어 판매 가격 1,000원인 상품의 변동비가 500원, 고정비가 300원이라면 다음과 같이 계산된다.

변동비율은 50%(500원 ÷ 1,000원 × 100)

고정비율은 30%(300원 ÷ 1,000원 × 100)

불황이 계속되고 있는 요즈음은 특히 고정비율을 낮추려고 노력하는 회사들이 많아졌다. 또 업종에 따라 변동비율이 높을 수도 고정비율이 높을 수도 있다. 물론 둘 다 낮은 쪽이 가장 바람직한 상태임은 더 말할 나위도 없다.

변동비율과 고정비율을 어떻게 해석할 것인가?

변동비율이 높고 고정비율이 낮다

매출이 감소해도 큰 손실이 나지는 않는다
매출이 증가해도 매출 총이익률은 크게 변하지 않는다

변동비율이 낮고 고정비율이 높다

매출이 감소하면 큰 손실이 생긴다
매출이 증가하면 매출 총이익률은 높아진다

변동비율(%) = 변동비 ÷ 매출고 × 100
고정비율(%) = 고정비 ÷ 매출고 × 100

POINT

고정비의 비율이 높은 회사는 불황에 약하다

회사도 두 가지 형으로 나누어보면 전략이 보인다

변동비형 기업, 고정비형 기업
회사에 따라서 이익 구조가 다르다

•• **회사도 변동비형과 고정비형으로 나뉜다**

변동비율이 높고 고정비율이 낮은 회사를 변동비형 기업, 변동비율이 낮고 고정비율이 높은 회사를 고정비형 기업이라고 말할 수 있다. 코스트가 낮은 쪽이 더 많은 이익을 낼 것이므로 우리가 목표로 해야 할 코스트 구조는 고정비율과 변동비율 모두 낮은 회사이다. 그러나 사업이나 업종에 따라서 특유의 이익 구조가 있는 것 또한 사실이다.

변동비형 기업은 코스트를 변동비와 고정비로 나누었을 때 변동비의 비율이 높은 기업으로, 매출 증감이 곧바로 이익의 증감으로 이어지기 쉬운 이익 구조를 지니고 있다. 즉, 매출이 감소했을 때 큰 손실로 이어지지는 않지만 매출이 증가해도 큰 이익은 나기 어려운 이익 구조이다. 매출이 감소했을 때 큰 손실로는 이어지지 않는다는 점을 감안하면 불황에 대한 저항력이 강한 이익 구조라고도 할 수 있다.

한편 고정비형 기업은 이익이 나기까지 비교적 시간이 걸린다. 즉, 변동비형 기업과 비교하면 매출이 감소했을 때 큰 손실이 나기 쉬워서 불황에 대한 저항력이 약하지만 매출이 증가하면 큰 이익을 낼 수 있다.

변동비형 기업과 고정비형 기업을 비교할 때 단순하게 어느 쪽이 유리하다고 말할 수는 없다. 경기가 호황일 때는 고정비형 기업, 불황일

변동비형 기업과 고정비형 기업은 어떻게 다른가?

변동비형 기업

매출 증감이 이익 구조로 바로 연결되기 쉬우며
매출이 늘지 않더라도 손실은 적다

⬇

불황에 강하다

고정비형 기업

이익이 날 때까지 시간이 걸리며
매출이 늘지 않으면 손실이 커진다

⬇

불황에 약하다

 POINT

매출 신장이 어려운 요즈음,
변동비형 기업으로 변신하려는 기업이 많아지고 있다

때는 변동비형 기업이 바람직하다고 할 수 있으나 단기간에 이익 구조를 바꾸기는 쉽지 않다. 결국 중장기적으로 고정비와 변동비 모두 낮추는 것이 가장 중요하다.

●● 어떻게 하면 이익 구조를 개선할 수 있을까

변동비형 기업의 개선 포인트는 변동비율을 낮추는 것이다. 변동비율을 내리면 이익 구조도 개선되는데, 이 변동비율을 낮추기 위해서는 우선 판매 가격은 올리고 매입 가격을 내리는 방법을 생각할 수 있다.

하지만 말처럼 간단한 일은 아니다. 판매 가격을 올리려면 먼저 상품의 차별화를 꾀해야 할 것이고, 매입 가격을 내리기 위해서는 매입 수량을 늘리거나 현금 구입을 통해 단가를 내리거나 혹은 인건비가 싼 중국 등지에서 수입하는 방법을 택해야 한다.

고정비형 기업의 개선 포인트는 고정비를 낮추는 것이 가장 효과적이다. 고정비를 낮추기 위해서는 인적 자원이나 설비의 효율적인 이용이나 감원, 아웃소싱 활용, 비채산성 사업에서의 철수 등 경영 합리화를 적극적으로 취해야 한다.

이익 구조 개선의 포인트

변동비형 기업의 개선 포인트

판매 가격을 올린다, 매입 가격을 내린다, …… 등

변동비율이 낮아진다

고정비형 기업의 개선 포인트

인재의 효율적 활용 및 감원, 비채산성 사업에서의 철수, …… 등

고정비가 낮아진다

POINT

이상적인 상태는 변동비율과 고정비 모두 낮추는 것

아 웃 소 싱 이   유 행 하 는   이 유

몇 년 전부터 인재파견 사업이 호황을 누리고 있고 파견 사원을 고용하는 회사도 늘고 있다. 인재파견 등은 이를테면 인재의 아웃소싱이다.

아웃소싱의 장점은 고정비의 변동비화에 있다. 아웃소싱을 적극적으로 활용하고 있는 회사의 목적은 이익 구조를 변동비형 기업으로 개선하고자 하는 것이다.

아웃소싱이란 지금까지 자사의 사원이나 설비로 처리해왔던 업무를 사외로 위탁하는 것을 말한다. 아웃소싱의 유행은 기업들이 더 이상 고정비 부담(사원, 설비 등의 재투자)을 감당할 수 없을 만큼 경제 불황이 지속되고 있고 경쟁이 심화되고 있음을 보여주는 현상이다. 때문에 앞으로 매출이 늘지 않을 경우를 대비해서 고정비를 내리고자 애쓰는 것이다.

특히 요즘처럼 비즈니스 환경이 불안정한 시기에는 특정 사업에 거액의 투자를 할 경우의 위험 부담은 엄청나게 높아진다. 그러므로 다소 비싸더라도 위기 상황이 왔을 때 바로 발을 뺄 수 있는 외주나 파견이 유행하게 된 건 당연하다고 하겠다. 사업이 아직 궤도에 오르기 전의 테스트 단계에서 아웃소싱을 이용하는 경우가 많은 것도 이 때문이다.

그러나 아웃소싱에도 단점이 있다. 완벽한 전략을 세우기 전에 아웃소싱을 이용하면 외주 의존성이 높아지고, 이 경우 제작 등의 노하우가 회사에 정착하지 못할 위험성이 있다. 또한 생산량이 증가했을 때 아웃소싱만으로는 경험곡선이나 규모의 경제가 주는 혜택을 누릴 수 없게 되므로 자사 제작과 비교해서 수익성이 향상되기 어렵다.

아웃소싱에 너무 의존해도 좋지 않으므로 확실하고 분명한 전략을 세운 다음에 아웃소싱을 이용하는 것이 무엇보다도 중요하다.

인재의 아웃소싱을 활용한다

매출의 증감에 비례해 인건비를 조정할 수 있다

인건비가 고정비에서 변동비로 바뀐다

어느 정도 매출을 올려야
이익이 나는지 계산해보자

손익분기점을 모르면 전략을 세울 수 없다

•• 손익분기점을 이해하자

손익분기점이란 말 그대로 손(실)과 (이)익의 분기점이다. 매출액이 손익분기점보다 위라면 이익이 나고 아래라면 손실이 나는 지점이다.

'얼마나 팔아야 이익이 나는가'라고 묻는다면, 답은 '손익분기점 이상 팔면 이익이 난다'이다. 손익분기점은 다음과 같이 계산한다.

손익분기점=고정비÷(1−변동비율)

즉 변동비와 고정비를 이해하면 손익분기점을 이해할 수 있다.

구체적인 예를 들어 설명해보겠다.

A사가 한 병에 1,000원인 소주(매입 가격은 한 병에 600원, 인건비는 연간 800만 원, 임대료는 연간 300만 원)를 팔고 있다고 했을 때, 몇 병을 팔아야 이익이 나올까?

우선 변동비율과 고정비를 산출해보자.

변동비율=매입 가격 600원÷판매가 1,000원=60%

고정비=인건비 800만 원+임대료 300만 원=1100만 원

손익분기점=1100만 원÷(1−60%)=2750만 원

손익분기점이 2750만 원이므로, 이 숫자를 소주 1병의 값(1,000원)으로 나누면 몇 병을 팔아야 플러스마이너스 제로가 되는지 계산할 수 있다.

고정비와 변동비에서 손익분기점이 생긴다

고정비

금액

매출액

고정비

판매량

고정비는 일정

변동비

금액

매출액

변동비

판매량

변동비는 매출에 비례한다

손익분기점

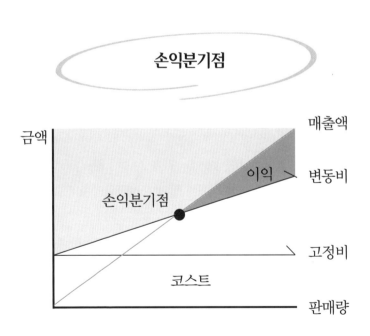

금액

매출액

이익

변동비

손익분기점

고정비

코스트

판매량

2750만 원÷1,000원=27500

즉, 27500병을 팔면 플러스마이너스 제로가 되고 27501병째부터는 매출액의 40%(매출액 총이익)가 이익이 된다는 이야기다.

손익분기점은 낮을수록 좋은데, 이는 손익분기점이 낮을수록 이익이 바로바로 나오는 이익 구조이기 때문이다. 손익분기점을 낮추는 방법으로 ① 고정비를 내린다 ② 변동비를 내린다 ③ 판매 가격을 높인다 등이 있으므로 어떤 방법을 취할 것인지 정확하게 판단한 다음 손익분기점을 낮추기 위해 노력해야 할 것이다.

●● 손익분기점을 알면 전략을 세울 수 있다

손익분기점을 이해하면 이익 목표를 세울 수 있게 된다. 예를 들어 100만 원의 이익을 올리기 위해서 어느 정도의 매출이 필요한지 역으로 계산해낼 수 있다. 이 매출액을 손익분기점 목표 매출액이라고 한다. 손익분기점 목표 매출액은 다음과 같이 계산한다.

손익분기점 목표 매출액=(고정비+목표 이익)÷(1-변동비율)

앞의 예에서 100만 원의 이익을 올리기 위한 계산을 해보자.

(1100만 원+100만 원)÷(1-60%)=3000만 원

즉, 3000만 원(30000병) 어치를 팔면 100만 원의 이익을 얻을 수 있다.

손익분기점으로 이익 목표를 세우자

손익분기점 목표 매출액 =
(고정비 + 목표 이익) ÷ (1 - 변동비율)

변동비 ÷ 매출액

 고정비 1100만 원
목표 이익 100만 원
변동비율 60%

손익분기점 목표 매출액 =
(1100만 원 + 100만 원) ÷ (1 - 60%)
=3000만 원

 POINT

손익분기점을 알면 매출 목표를 세울 수 있다

이익을 내는 원동력을 중요시하라

한계이익이 높으면 효율도 좋아진다

●● 한계이익을 이해하자

한계이익은 매출액에서 변동비를 뺀 나머지를 말하며, 그 상품에서 얻을 수 있는 이익의 한계를 의미한다. 즉 한 개의 상품에서 얻을 수 있는 최대의 이익이다.

예를 들어 매입 가격이 600원이고 판매 가격이 1,000원인 소주의 경우, 한계이익은 400원(1,000원-600원)이 된다. 판매 가격과 매입 가격이 정해져 있다면 소주 한 병에서 얻을 수 있는 최대의 이익은 400원이다.

실제로 이 400원에서 판매에 소요된 코스트(인건비, 임대료 등)를 빼고 이익을 계산하게 되므로 이 경우 생각할 수 있는 최대의 이익은 400원이다. 즉 400원이 한계이익이 되는 것이다.

한계이익은 이익의 원점이다. 회사가 이익을 내기 위해서는 매출액에서 변동비와 고정비를 뺀 다음 플러스가 되어야만 한다. 즉 매출액으로 변동비와 고정비를 커버하지 않으면 안 된다.

한계이익은 매출액에서 변동비를 뺀 것이므로 한계이익이 플러스라면 변동비를 커버하고 있다고 말할 수 있다. 다만 회사가 이익을 내기 위해서는 고정비까지 커버해야 하며 이 고정비를 커버하는 원동력이 바로 한계이익이다.

50

한계이익이란?

$$한계이익 = 매출액 - 변동비$$

여기서 고정비를 커버한 뒤에야
비로소 이익이 생긴다

 POINT

한계이익이 나지 않는 상품은 취급할 가치가 없다

예를 들어 매입 가격 600원에 판매 가격이 1,000원인 소주 한 병의 한계이익은 400원이다. 이때 고정비가 20만 원이라고 한다면 주류 소매상이 이익을 얻기 위해서는 한 병 당 한계이익 400원을 고정적으로 획득하여 고정비 20만 원을 상회하지 않으면 안 된다.

이 고정비와 한계이익을 더한 액수가 똑같아지는 지점이 손익분기점이다. 이 경우, 손익분기점은 500병(20만 원÷400원)이다. 그러므로 손익분기점은 다음과 같이 계산할 수도 있다.

손익분기점(병)=고정비÷한계이익

당연한 이야기지만 한계이익이 없는 상품은 취급할 이유가 없다. 다만 한계이익을 올리고 있음에도 불구하고 적자인 상품이 있을 수 있는데, 이는 매출이 적어 고정비를 커버하지 못하는 경우이다.

앞에서 언급한 한 병의 판매 가격 1,000원인 소주(매입 가격은 한 병 당 / 600원, 연간 고정비가 1,100만 원, 손익분기점 매출액은 2750만 원)로 연간 매출액 2000만 원을 올렸을 경우를 생각해보자. 이 경우 소주는 750만 원(2750만 원-2000만 원)의 적자 상품이 되지만 판매를 즉시 중지해 버리면 연간 고정비를 단 1원도 커버할 수 없게 되어 막대한 적자가 발생한다.

한계이익과 손익분기점

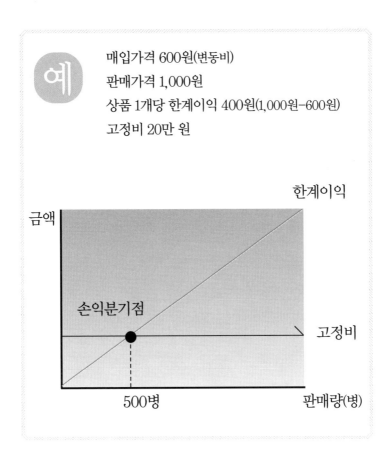

예

매입가격 600원(변동비)
판매가격 1,000원
상품 1개당 한계이익 400원(1,000원-600원)
고정비 20만 원

한계이익

금액

손익분기점

고정비

500병

판매량(병)

POINT

상품 한 개당 한계이익의 합계가 고정비와 일치하는 시점이
손익분기점이 된다

2

코스트의 핵심을 이해하자

2
8 34
6 7 9

코스트 이해야말로
이익을 내는 지름길

코스트, 원가

코스트의 의미를 확실하게 파악하라

●● 회사의 활동에서 발생하는 모든 비용이 코스트

코스트란 회사가 활동하는 동안 발생하는 모든 비용을 말한다. 즉 회사가 상품(output)을 생산하는 데 필요한 여러 생산요소에 지불되는 대가, 즉 원재료비, 인건비, 임대료 등 회사가 활동을 하는 이상 필요로 하는 비용을 말한다.

예를 들면 제조업에서의 원재료비, 공장 관리비(광열비 등), 종업원 인건비, 상품 선전비(광고비), 영업직원 인건비, 경리 등 관리부문의 인건비, 사무실 임대료나 광열비 등 회사의 사업 활동으로 발생하는 모든 비용을 코스트라고 한다.

앞에서도 설명했듯이 이익=매출액-코스트이다. 똑같은 매출액을 올렸을 경우 코스트가 낮은 쪽이 이익을 많이 낸다.

일반적으로 코스트, 즉 원가를 억제한다고 했을 때 이는 매출원가와 판매비 및 일반관리비를 낮춘다는 말이다. 매출원가란 상품을 만들기 위해서 필요한 코스트나 매입가를 말하며, 판매비 및 일반관리비는 광고비 혹은 영업직원의 인건비 등을 의미한다. 다만 매출원가와 판매비 및 일반 관리비도 그 내용에 있어서는 회사에 따라 천차만별이며 업종에 따라서는 정의까지 달라지므로 주의해야 한다. 또한 '재고'도 중요한 문제로 등장한다.

코스트란?

코스트

회사가 사업을 전개할 때 소요되는 모든 비용

이익 = 매출액 − 코스트

코스트의 증감이 이익을 크게 좌우한다

 POINT

코스트 관리가 제대로 이루어지지 않으면
이익 효율이 나빠진다

•• 원가와 코스트는 어떻게 다른가

'원가를 내려라', '원가를 관리하라' 라는 말을 자주 들을 것이다. 또한 원가와 코스트를 같은 개념으로 이해하고 사용하는 사람도 많을 것이다. 그러나 엄밀히 말하면 원가와 코스트는 다르다.

원가는 매출을 올리기 위해서 소요된 비용을 의미하는데, 제조업에서는 제품을 만들기 위해서 소요된 비용에 해당하고, 소매업에서는 매입가격이 원가에 해당한다. 제조업과 소매업의 원가에 대한 정의가 조금 달라지는데 이에 관해서는 다음에 설명하겠다.

일반적으로 원가라고 할 경우에는 매출원가를 말한다. 이에 반해 코스트는 매출원가도 포함하지만 토지, 건물, 자동차 등을 사용해서 기업이 활동을 하는 데 소요되는 모든 비용을 의미한다.

예를 들어 슈퍼마켓 등의 소매점을 생각해보자. 이 소매점은 1년간의 매출이 1억 원, 상품 매입가가 6000만 원, 매입가 이외의 비용이 2000만 원이다. 이 경우, 원가는 매입가 6000만 원, 코스트는 매입가에 매입가 이외의 비용을 더한 8000만 원이 된다. 즉 원가는 코스트의 일부라고 말할 수 있다.

코스트와 원가의 차이

원가

매출을 위해 소요된 비용

제조업의 경우 : 제품을 만들기 위해 소요된 비용
  (인건비 포함)
소매업의 경우 : 매입가격만 해당
  (인건비는 포함하지 않는다)

코스트

원가

임대료, 광고선전비 등이 들어간다

 POINT

코스트는 모든 비용
원가는 제품을 만들기(매입하기) 위한 비용

코스트의 기본을 이해하라

매출원가

업종에 따라서 정의가 다르므로 주의가 필요하다

•• 매출원가란 무엇인가

매출원가는 결산서에도 기재되어 있는 원가이다. 이 매출원가는 제조업과 소매업에서의 정의가 약간 다르기 때문에 주의해야 한다.

제조업에서는 제품의 제조에 소요된 모든 비용이 매출원가가 된다. 한편 소매업에서는 매입원가가 그대로 매출원가가 된다. 즉 제조업의 매출원가에는 인건비가 포함되며, 소매업의 매출원가에는 인건비가 포함되지 않는다.

제조업의 매출원가는 제조원가라고도 하는데, 원가 중에서 그 정의가 조금 복잡하다고 할 수 있다. 소매업의 경우는 매입가격이 그대로 매출원가가 되므로 재고 문제를 제외하면 비교적 간단하다.

그런데 제조원가를 계산하기 위해서는 원가 계산을 할 필요가 있다. 흔히들 원가 계산을 아주 어렵게 생각하는데 경리 전문가가 아닌 이상 88쪽에서 설명한 정도로만 이해하면 충분할 것이다.

•• 직접비와 간접비란 무엇인가

제조 원가에서는 코스트를 직접비와 간접비로 나누어 생각하는 경우가 있다. 이는 두 종류 이상의 제품을 제작하고 있는 공장에서는 인

매출원가

제조업의 매출원가

제조에 소요된 모든 비용(인건비 포함)

원가 계산(88쪽)을 할 필요가 있다

전문가가 아닌 이상 너무 세세한 부분까지 파악할 필요는 없다

소매업의 매출원가

매출 가격만 포함(인건비 제외)

재고계산(72쪽)을 할 필요가 있다

간단하다

 POINT

매출원가는 코스트의 기본

건비나 광열비가 어느 제품의 제조 과정에서 소요된 것인지 파악하기 어려운 때가 있기 때문이다. 이처럼 어느 상품에 직접 소요되었는지 명확하지 않은 비용을 간접비라고 한다.

한편 직접비는 해당 제품에 직접 소요된 것이 명백한 비용을 말한다. 한 종류의 제품을 제조하고 있는 공장에서는 모든 비용이 직접비가 되기도 한다. 두 종류 이상의 제품을 만들고 있는 경우라도 한 종류의 제조에만 소요되었음이 명백하다면 직접비가 된다.

회사의 경우, 제품의 판매 가격이나 코스트를 생각할 때 제조원가를 계산하지 않으면 안 되므로 직접비와 간접비를 나누는 것이다. 직접비는 간단히 계산할 수 있으나 간접비는 계산이 복잡하다.

크림 케이크와 치즈 케이크를 제조하는 제과 공장을 예로 들어 설명해보자. 하루의 코스트는 크림 케이크 100개분의 재료비 10만 원, 치즈 케이크 100개분의 재료비가 20만 원, 1일 인건비는 20만 원, 1일 광열비 등의 경비는 5만 원이다. 이 경우 각각의 재료비는 직접비지만, 그 이외는 얼마나 직접적으로 생산에 관련되었는지에 따라 직접비와 간접비로 나눈다.

직접비인지 간접비인지의 구분은 직접적인 관련 여부에 달려 있으므로, 위의 예에서처럼 광열비나 인건비가 모두 직접비가 되는 경우도 있지만, 간접비가 되는 경우도 있다.

직접비와 간접비

간접비

광열비, 임대료, 인건비 등
(직접 관련되었음이 명백하지 않은 비용)

공장

A 상품   B 상품

원재료비, 인건비 등
(직접 관련되었음이 명백한 비용)

직접비

 POINT

제품의 제조에 직접 관련된 것이
명백한 비용은 직접비가 된다

상품, 제품을 팔기 위해서도 코스트는 소요된다

판매비 및 일반관리비

상품이나 제품을 팔거나 회사를 관리할 때의 코스트를 이해하자

●● 판매비 및 일반관리비가 없으면 매출도 없다

판매비 및 일반관리비는 제품을 판매하기 위한 비용이다. 종업원의 인건비(제조업의 경우 제조에 소요된 인건비는 제외), 사무실이나 상점 임대료, 광고 선전비, 출장비 등이 판매비 및 일반관리비에 들어간다.

회사는 상품을 제조하는 것만으로는 이익을 낼 수 없다. 이익을 내기 위해서는 광고 등을 통해 더 많은 매출을 올릴 필요가 있다. 이때 소요되는 비용이 판매비이고, 경리 등을 담당하는 관리 부문에 소요되는 비용이 일반관리비에 해당하며, 이 두 가지를 합친 것이 판매비 및 일반관리비이다.

판매비 및 일반관리비의 주요 내역은 인건비, 광고 선전비, 관리비 등이다. 인건비에도 급여만 있는 것이 아니라 임원들의 급여나 수당, 상여금, 퇴직금, 법정복리비(사회보험료 등), 복리후생비(건강진단, 경조사비, 사원여행 등 사원들의 복리후생을 위한 비용) 등 다양한 종류가 있다.

광고 선전비는 말 그대로 제품을 판매하기 위한 선전이나 판매 촉진을 위해 사용하는 비용이다. 관리비는 사무실이나 상점 임대료, 광열비, 전화요금이나 인터넷 통신요금, 종업원들의 교통비 등이다. 또 고정자산세나 인지세 등의 조세공과금도 관리비에 해당한다. 조세공과금

판매비 및 일반관리비도 코스트이다

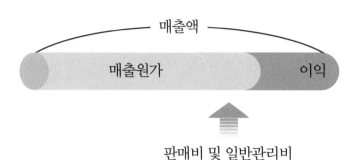

매출액

| 매출원가 | 이익 |

↑

판매비 및 일반관리비

회사는 제품을 만드는 것만으로는 매출이 안 생긴다

제품을 판매하기 위해 코스트가 소요된다
이것이 바로

판매비 및 일반관리비

 POINT

판매비 및 일반관리비가 있어야
비로소 매출이 생긴다

이란 세금이나 공적인 금전부담금(조합 등의 부과금 등)을 뜻하며 그 중에서도 세금계산상 대손금으로 인정할 수 있는 것들이 관리비에 포함된다.

또 판매비 및 일반관리비를 고정비로 보는 경향이 있는데 꼭 그런 것만은 아니다. 예를 들어 영업사원에게 지불되는 실적 수당 등은 변동비에 해당하며 광열비도 변동비로 볼 수 있다. 그러므로 판매비 및 일반관리비를 모두 고정비로 보는 시각은 버리기 바란다.

●● 결산서에 등장하는 특수한 판매비 및 일반관리비

매출원가와 마찬가지로 결산서에도 판매비 및 일반관리비 항목이 있다. 다만 결산서 내의 판매비 및 일반관리비 내역에는 특수한 것이 있으므로 주의해야 한다.

특수한 판매비 및 일반관리비란, 감가상각비와 준비금 이월액인데 이 두 가지 항목에 관해서는 뒤에서 자세히 설명하겠지만 출금과 비용 발생의 시기가 다르기 때문에 특수하다고 하겠다. 여기서는 회사의 이익을 계산할 때 필요한 판매비 및 일반관리비라고 기억해두기 바란다.

판매비 및 일반관리비의 주요 내역

- 급여
- 수당
- 상여금
- 퇴직금
- 복리후생비
- 소모품비
- 사무용품비
- 토지임대료
- 임대료

- 보험료
- 기부금
- 수선비
- 감가상각비
- 손실금
- 출장비
- 광고선전비
- 통신비
- 수도광열비

······ 등

재고를 이해해야 코스트도 알 수 있다

재고관리는 대단히 중요한 부문

●● 도대체 재고란 무엇일까

매출이 순조롭게 늘고 있는 동안의 재고는 판매의 기회를 놓치지 않기 위한 '돈이 되는 나무' 라 할 수 있다. 그러나 환경이 바뀌어 상품이 팔리지 않게 되는 순간부터 재고는 회사에게 위험한 존재가 되어버린다. 그래서 재고를 관리할 필요가 있는 것이다.

재고는 회사가 활동을 계속하는 이상 반드시 있을 수밖에 없다. 그래서 재고를 이해하고 관리하지 않으면 이익을 낼 수 없다고 해도 과언은 아니다. 재고를 관리하기 위해서는 우선 재고량을 파악해야 하는데 이때 회사가 행하는 것이 재고 정리 혹은 재고 조사이다. 재고 정리란 재고를 세는 것인데, 기본적으로는 결산이 이루어지는 월말에 하지만 회사에 따라서는 매월 말이나 몇 개월 간격으로 실시하기도 한다.

특히 결산을 할 때는 이익을 산출하기 위해서 반드시 재고 정리를 한다. 결산서에서는 매출에서 매출원가를 뺀 매출액 총이익을 산출한다. 매출원가는 다음과 같이 계산한다.

매출원가=기수 재고+당기 매입가−기말 재고

즉, 영업 년도 초기에 가지고 있는 재고(기수 재고)와 영업 년도 중간에 매입하거나 제조한 재고(당기 매입가)를 더한 액수에서 영업 년도 말기에 남은 재고(기말 재고)를 뺀 액수가 매출원가의 기본이 된다.

대부분의 비즈니스에서 재고가 발생한다

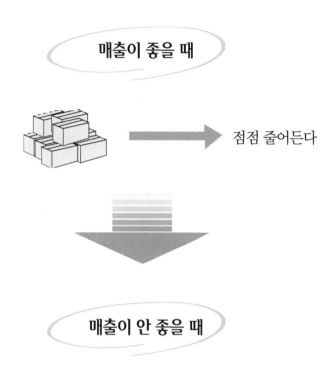

매출이 좋을 때

점점 줄어든다

매출이 안 좋을 때

점점 늘어난다

 POINT

재고관리를 제대로 못하면 경영 효율은 악화된다

●● 재고가 쌓이면 위험하다?

재고는 결산서에서 자산으로 취급된다. 예를 들어 100원에 매입한 상품이 120원에 팔리면 이익은 20원이 된다. 이 경우, 100원의 매입가는 코스트가 된다.

그러나 100원에 매입한 상품이 팔리지 않고 재고가 되었을 경우는 자산으로 처리되므로 이 100원은 코스트로 계산되지 않는다. 이 경우, 100원에 매입한 상품은 현금과 똑같이 취급된다.

그러므로 재고가 많아지면 자금이 잠자고 있는 것과 같다. 즉 자금을 상품의 형태로 창고에 보관하고 있는 것이다. 물론 상품이 팔린다면 현금화되므로 문제가 없지만, 팔리지 않고 정체재고가 되거나 악성재고 (팔릴 가망이 없는 재고)가 되어버리면 위험하다.

악성재고는 결국 처분하게 되는데, 이는 자금을 처분하는 것과 똑같아진다. 악성재고가 많아지면 회사 경영이 위험해지므로 적자를 각오하고 대바겐세일 등의 형태로 재고를 처분하게 되는 것이다.

재고가 위험한 이유

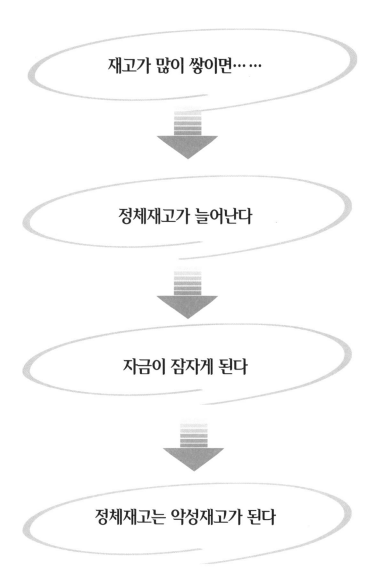

재고가 많이 쌓이면······

정체재고가 늘어난다

자금이 잠자게 된다

정체재고는 악성재고가 된다

재고는 숫자로 관리하라

적정재고가 무엇인지 이해하라

●● 재고계산은 어떻게 하는가

재고를 계산하는 방법은 몇 가지가 있으나 여기서는 유통업에서 일반적으로 이용하는 최종매입 원가법을 설명하기로 한다.

최종매입 원가법이란 마지막에 매입한 상품의 단가를, 기말에 남은 모든 재고의 매입 단가로 상정하여 계산하는 방법이다. 예를 들면 다음의 그림과 같이 처음에는 매입 단가 1,300원으로 60개, 두 번째는 매입 단가 1,200원에 40개, 마지막에는 매입 단가 1,100원에 100개를 매입해서 연도 말에 재고가 155개 발생한 경우의 재고 금액은 170,500원(1,100원×155개)이 된다.

위의 예에서, 총 200개의 상품을 매입했으므로 연말의 재고 속에는 매입 단가 1,300원의 상품도 포함되어 있지만 최종매입 원가법을 채용함으로써 시가(현재의 가격)에 가장 가까운 재고 금액을 산출해내고자 하는 것이다.

●● 재고회전율로 재고를 관리하라

재고를 관리하는 방법 중 하나로 재고회전율이 있다. 어느 정도의 재고가 적정한지는 알기 어렵지만 재고회전율을 사용하면 적어도 과거와

최종매입 원가법

재고(155개)

50개 1,300원/개	5개 1,200원/개

100개
1,100원/개

마지막에 매입한 단가 1,100원
재고 수 = 50개 + 5개 + 100개 = 155개
재고 금액 = 1,100원 × 155개 = 170,500원

 POINT

재고를 계산하는 방법에 따라 재고 금액이 달라진다

비교해 재고가 어떤 상태인지는 알 수 있다.

재고회전율은 다음과 같이 계산한다.

재고회전율=매출원가÷평균 재고

매출원가를 평균 재고로 나누게 되므로 수치가 높을수록 재고 수량은 적다고 할 수 있다. 기본적으로는 재고가 적을수록 좋으므로 재고회전율은 높은 쪽이 좋다고 하겠다.

예를 들어 매출원가가 1000만 원에 평균 재고가 200만 원이라면 5회전(1000만 원÷200만 원)이 된다.

재고회전율을 잘 활용하려면 최근의 회전율과의 차이에 주목하면 된다. 최근 재고회전율을 5회전으로 예측했으나 결과적으로 4회전이었다고 한다면 매입수량 증가를 의심해볼 필요가 있다. 반대로 재고회전율이 5회전에서 6회전으로 올라갔을 경우는 어떨까?

재고회전율이 높아지는 것은 바람직하지만 너무 높아도 문제가 발생한다. 판매손실(품절)이 발생할 가능성이 있다. 즉 팔 수 있음에도 불구하고 재고가 없어서 팔 수 없는 상태가 된다. 이와 같이 재고회전율에 주목하고 있으면 회사에 무슨 일이 일어나고 있는지 파악하게 되고 재빨리 대처할 수도 있다. 그러므로 재고회전율을 이용해 재고를 관리하고 적정재고를 유지할 필요가 있다.

재고회전율로 적정재고를 파악하자

$$\text{재고회전율} = \frac{\text{매출원가(원)}}{\text{평균재고(원)}}$$

재고회전율은 높을수록 좋으나 ……

※ 재고회전율이 낮아지면

⬇

매출 감소, 매입 수량 증가

※ 재고회전율이 높아지면

⬇

판매손실(품절)의 가능성이 있다

POINT

재고회전율에 주목하고 있으면 신속하게 대책을 세울 수 있다

급여만이 인건비는 아니다

●● 회사에 있어서 인건비는 투자다

회사 운영에서 인건비는 코스트이다. 코스트는 미래의 이익을 얻기 위한 투자를 말한다. 그러므로 회사는 인건비를 부담하고 있는 이상 당연히 인건비를 상회하는 이익을 기대하게 된다.

즉, 자신의 인건비 이상의 이익을 내지 못하는 사원은 회사에는 필요 없는 존재이다. 특히 요즘 같은 고용 불안의 시대에는 자신의 인건비조차 벌지 못하는 사원은 바로 해고 대상이다.

기업들은 경영의 효율성을 중시하면서 인건비 관리를 점점 강화하고 있다. 경영 합리화나 인원 삭감 등의 단어가 연일 신문이나 기타 매스컴에 등장하고 있고, 인재 파견 등의 아웃소싱이 유행하는 것도 이러한 추세의 반증이라 하겠다.

회사가 부담하는 인건비에는 급여만 있는 것이 아니다. 회사가 사원을 고용하기 위해 부담하는 코스트는 급여 이외에도 많으며, 그것을 모두 포함한 것이 인건비가 된다. 급여 이외에 회사가 부담하는 코스트로는 건강보험이나 연금 등의 사회보험료(고용주 부담금), 사원들의 퇴직금 적립액, 사원들이 연수받을 경우의 수강료, 사원용 복리후생시설의 유지비, 사원식당의 보조금 등 회사에 따라서 다르지만 실수령 급여(세금공제 후의 급여)의 약 1.5배가 회사가 부담하는 총 인건비라고 보면

회사가 부담하고 있는 인건비

인건비

- 임원 급여
- 임원 퇴직금
- 종업원 급여
- 종업원 상여금

- 종업원 퇴직금
- 법정복리비
- 통근교통비
- 복리후생비

단, 공장에서 일하는 사람들의 인건비는 제조원가에 포함된다

고정비의 대표격이 인건비

인재를 아웃소싱하면
고정비를 변동비로 바꿀 수 있다

 POINT

실수령 급여의 약 1.5배가 회사가 부담하는 인건비

좋을 것이다.

●● 영업사원은 급여의 2.5배의 매출액 총이익을 올려야 한다

그렇다면 자동차 딜러인 영업사원의 경우를 예로 들어 회사가 어느 정도의 코스트를 지불하고 어느 정도의 이익을 얻고 있는지 분석해 보자.

다음의 그림을 보면 영업사원 A가 판매한 자동차의 매출액 총이익이 연수입의 1.5배임을 알 수 있다. 인건비의 1.5배를 벌었으니 충분하지 않느냐고 하겠지만 영업사원의 경우는 조금 다르다. 영업사원은 자신의 인건비 이외의 코스트까지 부담해야 하기 때문이다. 즉, 영업 사원 이외의 사원들의 인건비나 광고 선전비, 회사의 은행대출 이자, 사무실 임대료 등 판매에 직접적으로 관계가 없는 코스트(간접비)까지 감당하지 않으면 안 된다.

이익을 내고자 한다면 간접비를 상회할 정도의 많은 자동차를 판매하고 나아가 더 많은 매출액 총이익을 내야 하는 것이다.

영업사원의 경우, 급여의 약 2.5배 이상의 매출액 총이익을 올려야만 회사에 기여했다고 할 수 있다.

영업사원 A가 벌어들여야 할 액수

A의 연봉 8천만 원
A가 벌어들인 매출액 총이익 1억 2천만 원

연봉의 약 1.5배를 벌어들였으나······

단, 영업사원은 회사의 간접부문의 코스트까지 감당하지 않으면 안 된다

간접부문의 코스트란?

영업사원 이외의 인건비, 광고선전비, 임대료······ 등

 POINT

영업사원은 급여의 약 2.5배 이상의
매출액 총이익을 올려야 한다

적정 수준의 인건비는 얼마일까

•• 노동생산성으로 인재의 활용도를 살펴보자

노동생산성은 부가가치를 종업원 수로 나눈 것이다. 그러므로 노동생산성을 설명하기 전에 먼저 부가가치를 언급해야 한다.

부가가치란 회사가 외부에서 구입한 물건이나 서비스에 부가가치를 더한 가치를 말한다. 예를 들어 1,000원에 매입한 상품을 1,500원에 팔았다면 500원(1,500원-1,000원)이 부가가치가 된다. 매출액 총이익으로 봐도 무방할 것이다.

부가가치의 내용을 자세히 살펴보면 인건비, 임대료, 세금, 지불이자, 특허사용료, 이익 등으로 구성되어 있다. 대개 부가가치는 클수록 좋다고 생각하지만 크다고 반드시 돈을 번 것은 아니다. 왜냐하면 아무리 부가가치가 크다고 해도 인건비 등의 코스트 비율이 높고 이익의 비율이 낮으면 돈을 벌었다고는 할 수 없기 때문이다.

그리고 종업원 1인당 부가가치가 노동생산성이 된다. 노동생산성이 높은 회사는 종업원이 효율적으로 일하고 있는 회사라고 말할 수 있다. 적정한 노동생산성의 기준은 급여 수준에 따라서 다르지만, 높으면 높을수록 좋다고 할 수 있다.

참고로 노동생산성을 높이기 위해서는 1인당 매출액을 높이거나 부가가치를 높이는 방법 이외엔 없다.

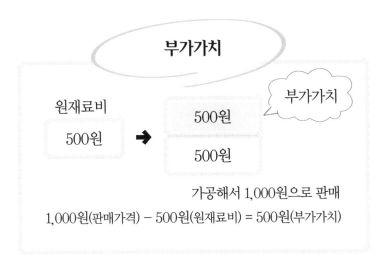

부가가치

원재료비

500원 ➡ 500원

500원 [부가가치]

가공해서 1,000원으로 판매

1,000원(판매가격) − 500원(원재료비) = 500원(부가가치)

노동생산성

$$노동생산성 = \frac{부가가치}{종업원\ 수}$$

 POINT

노동생산성은 높으면 높을수록 좋다

●● 노동분배율로 사원들의 회사 기여도를 파악하자

노동분배율이란 인건비를 부가가치로 나눈 것으로, 부가가치에서 차지하는 인건비의 비율을 의미한다. 부가가치가 1억 원이고 인건비가 5000만 원일 경우, 노동분배율은 50%(5000만 원÷1억 원×100)가 된다.

노동분배율은 높다고 다 좋은 것만은 아니다. 경영자 입장에서는 인건비를 줄이는 쪽이 더 많은 이익을 낼 수 있으므로 노동분배율을 가능한 한 낮추고 싶어한다. 특히 인건비가 높아지면 매출이 감소할 경우 경영에 압박을 주므로 인건비를 억제하거나 아웃소싱을 활용하게 된다.

한편 피고용자 입장에서는 10원이라도 더 많은 급여를 받고 싶을 것이므로 노동분배율을 높이고자 하는 것은 당연하다.

노동분배율이 너무 높아지면 회사의 경영이 어려워지고, 너무 낮으면 사원들의 의욕이 떨어진다. 소매업의 적정한 노동분배율은 40~50%로 보면 될 것이다.

노동분배율이란?

$$\text{노동분배율(\%)} \quad = \quad \frac{\text{인건비(원)}}{\text{부가가치(원)}}$$

경영자는 …

이익을 내기 위해 노동분배율을 낮추고 싶어한다

피고용자는 …

많은 급여를 원하므로 노동분배율을 높이고 싶어한다

 POINT

소매업의 경우 40~50% 수준이 바람직하다

업종에 따른 코스트 구조의 차이를
모르면 위험하다

업종에 따라서 코스트 구조가 크게 달라진다

●● 코스트 구조의 차이를 파악하면 업계가 한눈에 들어온다

코스트 구조는 업종에 따라 다르다. 업종에 따라 기본적인 비즈니스 스타일이 다르며 돈을 투자하는 부문도 달라지기 때문이다.

코스트 구조의 차이를 알면 변동비, 고정비의 관점에서 그 업종이 불황 저항력이 높은지, 혹은 매출액 확대로 큰 이익을 창출해낼 수 있는지 등을 파악할 수 있다.

소매업은 총 코스트 중에서 60~70%가 매출원가가 되는데, 매출원가는 상품 매입만으로 구성되어 있다. 그 외의 코스트 중에서 가장 큰 비중을 차지하는 것이 판매원 임금 등의 인건비로 15~20% 정도이다. 코스트 중에서 상품 매입이 차지하는 비율이 크므로 변동비형 기업이라고 말할 수 있다.

제조업은 총 코스트 중에서 80% 정도가 매출원가로, 소매업과 별 차이가 없는 것처럼 보이지만 내용을 살펴보면 크게 다르다. 매출원가는 재료비 및 외주 가공비인 변동비와 노무비 및 감가상각비 등의 고정비로 구성되어 있다. 또 인건비의 비율은 다른 업종에 비해 낮고 연구 개발에 돈을 투자하는 회사가 많은 것도 특징이다.

제조업 중에서도 일반 제조업과 생산 공정에서 대형 장치를 이용하여 제품을 생산하는 산업은 코스트의 구조가 다르다. 즉 대규모 설비투

업종별 코스트 구조

소매업(약국) M사

매출원가	판매비 및 일반관리비	
상품 매입	인건비	기타

상품 매입이 차지하는 비율이 커서
변동비형 기업이라고 할 수 있다

일반 제조업(가전제품) S사

매출원가					판매비 및 일반관리비		
재료비	노무비	외주가공비	감가상각비	기타경비	인건비	연구개발비	기타

제품의 제조에 소요된 인건비는 노무비로
매출원가에 포함된다

장치산업이라고 할 수 있는 제조업(철강) N사

매출원가					판매비 및 일반관리비	
재료비	노무비	외주가공비	감가상각비	기타 경비	인건비	기타

대규모 설비투자가 필요하므로 감가상각비가 커진다

서비스업(경비업) S사

매출원가					판매비 및 일반관리비		
상품 매입	노무비	외주비	감가상각비	기타경비	인건비	연구개발비	기타

매출원가에 포함되는 노무비나 인건비 등 인재에 소요된
코스트의 비율이 높아서 고정비형 기업이라고 할 수 있다

자를 필요로 하는 산업에서는 감가상각비나 기계의 운전비용 등의 경비 금액은 크고 재료비 등의 변동비 비율은 적어 결과적으로 고정비의 비율은 높아진다.

서비스업의 경우는 매출원가 중의 노무비, 판매비, 일반관리비의 인건비 등 인재에 소요되는 코스트의 비율이 커진다. 또 서비스를 제공할 경우, 비품 등의 설비를 필요로 하므로 감가상각비의 비율이 높은 경우도 있다. 코스트 구조의 측면에서 본다면 고정비형 기업이라고도 말할 수 있다.

●● 기존과는 전혀 다른 코스트 구조를 도입하는 회사도 등장

같은 업종이라도 코스트 구조를 바꿔 새로운 비즈니스 스타일을 창출해냄으로써 업계에서 경쟁력 우위를 달리게 된 회사도 있다.

예를 들어 서비스업과 같은 고정비형 기업 중에도 노무비나 인건비 부문에서 파견사원이나 시간제 직원 등 시급제 고용을 실시함으로써 코스트 구조를 변동비형으로 변화시켜 나가는 전략을 취하는 회사도 있다.

코스트 구조를 바꾸는 추세

고정비형 기업

인재에 소요되는 코스트가 높다

파견사원이나 시간제 직원을 병용한다

변동비형 기업으로 변신

불황에 강해진다

 POINT

기존의 틀에 얽매이지 않는 새로운 비즈니스 스타일을 도입함으로써
불황에 강한 회사가 될 수 있다

원가 계산, 이것만은 알자

•• 원가의 세 가지 요소

제조업의 매출원가를 계산할 때는 제조원가를 계산하게 된다. 소매업의 경우는 매입 가격이 그대로 매출원가가 되므로 원가 계산을 할 필요가 없으나, 제조업의 경우는 조금 복잡한 원가 계산이 필요하다. 일반 비즈니스맨일 경우에는 원가 계산의 구조만 이해하면 충분하다.

제조원가를 계산할 때는 우선 코스트를 재료비, 노무비, 경비로 분류한 다음 계산하는데, 이를 '원가의 세 가지 요소'라고 한다.

먼저 '재료비'란 제조업에서 원재료에 소요되는 비용이다. 제조업에서는 원재료를 매입해서 제품으로 가공하여 판매하게 되는데, 이 매입에 소요된 금액이 재료비가 된다.

두 번째로, '노무비'는 인건비이다. 즉 재료를 가공하는 사람들의 급여가 된다. 또 공장에서 근무하는 아르바이트 사원이나 시간제 사원, 경비원 등 모든 인건비가 노무비에 해당한다. 물론 노무비는 사람을 고용할 때 소요되는 비용이므로 보너스나 종업원에 대한 사회보험료 등의 회사 부담금도 포함된다.

세 번째로, '경비'는 재료비와 노무비 이외의 모든 비용이다. 즉 전기요금 등의 광열비, 출장교통비, 회사의 건물에 든 화재보험료, 접대비, 업무 일부를 아웃소싱했을 경우의 비용 등이다.

원가의 세 가지 요소

노무비

제조에 관련된 사람

재료비

원재료비 등

경비

노무비, 재료비 이외의 코스트

(광열비······ 등)

●● 원가 계산의 기본적인 틀

원가는 각 제품마다 계산하는 것이 기본이며, 재료비, 노무비, 경비를 각각 따로 계산한다.

PC를 예로 들어 생각해 보자. 부품 등의 재료비가 20만 원, 1일 노무비가 15만 원, 1일 소요경비가 5만 원이라고 했을 때, 이 PC의 원가는 40만 원이 된다.

PC 제조에 하루가 걸린다면 노무비와 경비는 하루분을 계산하게 된다. 이 PC의 판매 가격이 80만 원이라면 매출액 총이익은 40만 원이다.

기본적으로는 제조를 시작한 날부터 완성한 날까지의 기간에 소요된 비용을 토대로 계산한다. 즉 제조에 관련된 기간의 재료비, 노무비, 경비를 합계해서 생산량으로 나누면 되는 것이다. 단, 제품에 따라서는 열 개 단위나 한 다스 단위로 원가를 계산하는 경우도 있는데, 이는 한 개당 단위가 아주 작을 경우 복수의 수량을 한 단위로 생각하는 쪽이 편리하기 때문이다.

원가 계산의 순서

PC를 제작하고 있는 경우

재료비	20만 원(1대당)
노무비	15만 원(1일)
경비	5만 원(1일)

원가 계산하면

20만 원(재료비) + 15만 원(노무비)
+ 5만 원(경비) = 40만 원(제조 원가)

POINT

경리 전문가가 아닌 이상 이 정도의 지식만으로 충분하다

3

어느 쪽이 이득인가

Case Study

바겐세일은 왜 하는가

사례연구 ①

●● 판매가격은 바겐세일까지 예상해서 책정된다

계절상품이나 패션 제품은 성질상 일정 기간의 적기가 있다. 따라서 이런 제품을 취급하는 회사는 처음부터 바겐세일을 상정한 비즈니스 모델이라고 할 수 있다. 즉 바겐세일에서도 이익을 낼 수 있는 가격으로 자사 제품의 판매가를 설정한다는 말이다.

일례로, 패션 제품은 계절(봄이라고 한다면)이 시작되기 전에 보통 판매가의 약 65%에 해당하는 도매가격으로 소매점에 넘기는데 계절(봄)이 되면 판매가의 반값, 계절(봄)이 지나면 반값의 80%, 그리고 다음해 봄이 오기 전에 다시 50% 할인이 되는 급격한 도매가의 하락이 바겐세일의 전제가 되는 경우가 많다.

즉 가격이 내려갈 위험을 전제로 가격을 책정한다. 따라서 계절 전에 구입하는 사람은 바겐세일의 원자재비까지 부담하고 있다고도 말할 수 있다.

바겐세일을 하는 또 다른 목적은 내점 고객 수의 증가, 고객 1인당 구입 금액의 증대를 목적으로 한 판촉활동을 들 수 있다. 즉 바겐세일 상품을 특매품으로 내세움으로써 내점 고객 수 증대를 노리고 이 고객들이 바겐세일 상품과 함께 다른 상품까지 구매해주기를 기대하는 목적으로 실시한다고 볼 수 있다.

바겐세일로도 돈을 버는 구조

처음부터 바겐세일을 예상한 가격으로
책정한다

바겐세일 가격으로도 돈을 벌 수 있는
정가를 책정한다

 POINT

바겐세일 가격으로도 돈을 벌 수 있는 전략을 취하고 있다!

이 바겐세일을 위한 특매품은 처음부터 바겐세일할 목적으로 대량 매입한 제품도 있을 것이다. 이 경우 역시 대량 구매를 함으로써 평소보다 매입가를 내려서 매출액 총이익을 확보하는 경우가 많다.

또 슈퍼마켓에서 실시하는 세일 중에 '계란 한 묶음 1,000원, 1인당 한 묶음 한정 판매'라는 식으로 한정 세일을 하는 경우가 있는데, 이 역시 계란 판매 자체는 적자를 감수하더라도 내점 고객 수를 늘려 다른 상품으로 이익을 올리겠다는 방식이다. 슈퍼마켓의 세일 상품조차도 제조회사와 상의하여 낮은 가격으로 매입하므로 모두 적자는 아니라고 할 수 있다.

이처럼 고객의 구매 의욕을 자극하여 실제 구매로 연결시키는 것이 바겐세일의 또 다른 목적이다.

●● 재고가 쌓일 경우의 리스크

잊어서는 안 될 것이 재고처분으로써의 바겐세일이다. 이는 재고가 많아졌을 경우의 리스크(품질 저하, 보관료 등)를 피하기 위해 적자를 각오하고 바겐세일을 하는 경우도 있다.

특히 계절상품 등은 재고로 가지고 있어도 팔릴 가능성은 거의 없다고 볼 수 있는데, 이러한 악성재고는 가지고 있는 것만으로도 손해가 되므로 단 10원에라도 팔아버리는 쪽이 이득이다.

바겐세일의 목적

특매품으로 내세운다

내점 고객 수를 증가시켜 이들이 바겐세일 상품 이외의
상품도 구매하도록 유도한다

재고 처분

재고가 쌓이면 리스크가 커지므로
재고처분을 하기 위해서이다

덤과 할인, 어느 쪽이 이득인가

사례연구 ②

•• 우선 1개당 가격으로 분석하라

슈퍼마켓에 가보면 흔히 '10개 세트에 하나 더' 혹은 '10개 세트 구입 시 10% 할인' 등의 상품들이 눈에 띌 것이다. 음료수를 예로 들면, 개당 판매 가격이 110원인 음료수일 경우 평소 판매되는 가격은 10개 세트에 1,100원, 1개당 110원이다. '10개 세트에 1개 더' 식으로 덤을 주는 경우, 11개에 1,100원이므로 1개당 100원이 되며 '10개 세트 구입 시 10% 할인' 식으로 할인을 해주는 경우에는 10개 세트가 990원이므로 1개당 99원이 된다.

따라서 위의 경우에는 1개당 99원에 구입할 수 있는 '10개 세트 구입 시 10% 할인'의 할인 상품이 고객에게는 이득이라고 할 수 있다. 즉 덤과 할인 중에서 어느 쪽이 이득인지 알고 싶다면 우선 1개당 가격으로 상품을 분석하는 것도 좋은 방법이다. 물론 슈퍼마켓의 입장에서는 '10개 세트에 하나 더' 식으로 덤을 끼워서 판매하는 쪽이 이득임은 더 말할 필요도 없다.

•• 상황과 입장에 따라서 어느 쪽이 이득인지 달라진다

그렇다면 제조회사 입장에서는 어느 쪽이 이득일까? 음료수 회사의

어느 쪽이 이득인가?

음료수 1병의 정가 110원
① 10병 세트에 덤 1개를 추가해서 1,100원

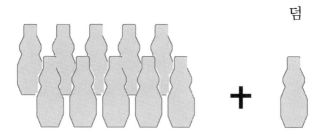

덤

② 10병 세트를 10% 할인해서 990원

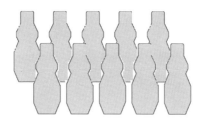

1개당 가격을 생각하라
① 1,100원 ÷ 11개=100원/개
② 990원 ÷ 10개=99원/개

②번으로 구입하는 게 이득이다

경우를 생각해 보자. 회사의 입장에서 생각해도 개당 가격으로 분석하면 된다. 즉 제조회사가 슈퍼마켓에 제품을 넘길 때의 가격이 10병 세트에 880원이라고 한다면, 제조회사가 올리는 1개당 매출액은 88원이다. '10개 세트에 하나 더' 식으로 덤을 줄 경우, 11개에 880원으로 1개당 매출액은 80원이다. '10개 세트 구입 시 10% 할인'의 경우는 10개에 792원이 되고 1개당 매출액은 79.2원이 되므로 제조회사의 입장에서는 덤을 끼워서 판매하는 쪽이 이득이라고 할 수 있다.

다만 제조회사의 경우는 공장 설비의 가동 상황도 고려해야 하는데 이것이 아주 중요한 요소로 작용한다. 공장의 가동 상황에 충분한 여유가 있는 경우를 생각해보자.

음료수를 생산하는 공장의 고정비가 20원, 변동비가 50원으로 음료수 10000병을 생산하면 고정비를 회수한다고 가정해보자. 이 경우 10001병째부터는 고정비를 부담할 필요가 없으므로 판매 가격이 50원 이상이라면 슈퍼마켓의 주문이 있는 한 판매하는 것이 이득이다.

그렇지만 공장 설비가 100% 가동 상태여서 음료수를 추가로 생산하기 위해서는 새로운 제조 설비를 만들지 않으면 안 될 경우, 설비 투자의 의사 결정(추가적인 설비 투자를 해서까지 많이 생산할 것인가를 위한 계산이 별도로 필요하게 된다.

위의 사례에서처럼 어느 쪽이 이득인가 하는 문제는 당시의 입장, 상황에 따라서 달라진다. 그러므로 어느 쪽이 이득인가를 알고 싶을 때는 수치로 분석하는 것이 무엇보다 중요하다.

설비의 가동상태를 감안하면……

음료수의 코스트 내역

고정비	20원
변동비	50원
합 계	70원

10001병째부터의 코스트 내역

고정비	0원
변동비	50원
합 계	50원

 POINT

10001병째부터는 50원 이상으로 판매해도 이익이 생긴다
(※ 단, 현재의 설비로 생산할 수 있는 경우에 한한다.)

Case Study

자사 제작과 아웃소싱, 어느 쪽이 이득인가

사례연구 ③

•• 아웃소싱의 목적은 고정비를 줄이는 것

　최근 아웃소싱이 크게 유행하고 있는데 이는 고정비를 줄임으로써 불황에 강한 체질을 만들기 위한 것임은 앞에서 설명한 대로다. 다만 비즈니스 현장에서는 일률적으로 아웃소싱이 이득이라고 말할 수 없는 경우가 많다. 예를 들면 다음의 그림에서처럼 A제품을 만드는 경우의 코스트가 아웃소싱으로 구입하면 2,000원, 사내에서 제작하면 3,500원인 경우를 생각해보자. 어느 쪽이 유리할까? 그리고 사내 설비에는 어느 정도 여유가 있다고 하자.

　단순하게 숫자로 비교하면 아웃소싱으로 구입한 쪽이 이득이지만 이 경우는 자사 제작하는 쪽이 이득이다. 왜냐하면 현재 회사의 설비에 여유가 있으므로 외주든 자사 제작이든 사내의 고정비 총액은 변함이 없기 때문이다.

　즉 아웃소싱의 경우에도 사내 고정비는 회피할 수 없으므로 2,000원을 더해서 계산해야 한다. 고정비 2,000원은 영업부의 원가로 상정되지는 않지만 회사로서는 아웃소싱이든 자사 제작이든 반드시 발생하는 코스트이다. 그러므로 고정비 2,000원을 아웃소싱 코스트에 더하면, 아웃소싱을 이용할 경우의 코스트는 합계 4,000원이므로 자사 제작 쪽이 이득이다.

자사 제작과 아웃소싱의 비교

자사 제작했을 경우의 코스트

변동비 1,500원
고정비 2,000원
─────────────
합 계 3,500원

아웃소싱 경우의 코스트

외주비 2,000원
─────────────
합 계 2,000원

어느 쪽이 이득일까?

자사 제작이 이득이다.

[이유]
고정비 2,000원에는 설비
나 인재에 소요되는 코스
트가 포함되어 있으므로
외주를 해도 고정비는 발
생하기 때문이다

아웃소싱 경우의 코스트

외주비 2,000원
고정비 2,000원
─────────────
합 계 4,000원

이 경우 사내 고정비 2,000원의 코스트를 매몰원가라고 한다. 매몰 원가란 이미 지불해버린 코스트, 지난 손실, 돌이킬 수 없는 코스트이 다. 즉 사내 고정비 2,000원은 자사 제작이든 아웃소싱이든 반드시 발 생하는 코스트가 된다.

이처럼 자사 제작이 이득이라고 판단하는 이유는, 고정비를 최대한 효율적으로 활용한다면 충분히 매출을 늘릴 수 있다고 보기 때문이다. 자사 제작이 가능한 상품은 사내 설비에 여유가 있는 한 사내에서 제조 하는 것이 바람직하며, 사내에서 제조할 여유가 없을 때에만 아웃소싱 에 의한 구입을 고려해야 할 것이다.

●● 고정비를 삭감할 수 있다면 외주가 유리한 경우도 있다

고정비의 내용도 문제가 되는데, 앞의 예는 사내 설비에 제조할 여유 가 있는 경우였다. 그런데 다르게 생각하면 사내 설비에 여유가 있다는 것은 아직 코스트 삭감의 여지가 남아 있다는 말이기도 하다. 예를 들 어서 경영 합리화 등을 통해서 고정비 2,000원을 모두 삭감했다면 어 떻게 될까?

물론 자사 제작이 불가능해지므로 아웃소싱을 선택할 수밖에 없게 되지만 고정비 2,000원이 없어지기 때문에 긴 안목으로 보면 아웃소싱 이 유리해진다.

매몰원가

회피 불가능한 코스트

매몰원가를 생각하고 코스트를 비교하자

자사 제작했을 경우의 코스트	아웃소싱 경우의 코스트
변동비 1,500원	외주비 2,000원
고정비 2,000원	고정비 2,000원
합계 3,500원	합계 4,000원

매몰원가

POINT

매몰원가를 근거로 코스트를 비교할 필요가 있다

Case Study

적자 상품은 포기한다고
끝나는 게 아니다

사례연구 ④

●● 적자 상품을 포기하면 적자가 더욱 증가하는 경우도 있다

A와 B 두 제품을 생산, 판매하고 있는 경우를 생각해보자. 코스트
의 내역은 다음 그림과 같다. 인재나 설비는 공유하고 있으나 A는 흑
자 상품이고, B는 적자 상품이다. 적자 상품인 B의 생산을 중지해야
할 것인가?

대답은 NO!

그림을 보자. B제품의 제조를 중단했을 경우의 손익이다. B제품의
제조를 중단하자 적자가 증가하고 있다. 이는 B제품의 제조를 중단하
더라도 고정비는 변함없기 때문이다. B제품은 변동비와 고정비를 부담
하면 적자이지만 매출액에서 변동비를 뺀 한계이익은 플러스였다. 이
한계이익만큼 고정비를 흡수하고 있었던 것이다.

즉 B제품의 제조를 중단해 버리면 그 고정비를 흡수할 곳이 사라져
버린다. 그림을 보면 알 수 있듯이 B제품이 벌어들이고 있던 한계이익
200원이 그대로 적자가 되어 버린다. 다시 말해서 한계이익이 생기는
상품은 적자가 발생하더라도 포기하면 안 된다는 이야기다.

물론 적자인 채로 제조를 계속해도 괜찮다는 이야기는 아니다. B제
품을 포기하면 적자가 늘어나는 게 두려워 울며 겨자 먹기로 제조를 계
속할 수만도 없는 노릇이다. 따라서 적자를 줄일 대책이 필요하다.

적자제품을 포기하면……

A 제품

판매가격   1200원
변동비   600원
고정비   400원
(B제품과 반반 부담)
_____
손익   200원의 흑자

B 제품

판매가격   1500원
변동비   1200원
고정비   400원
(A제품과 반반 부담)
_____
손익   100원의 적자

합계 100원의 흑자가 된다

적자인 B제품을 중단하면

A제품

판매가격	1200원
변동비	600원
고정비	800원 전부 부담
손익	200원 적자

합계 200원 적자가 발생한다

POINT

적자보다 한계이익이 있는가가 중요

한계이익을 내는 적자 제품을 아무런 노력 없이 제조를 중단해 버리면 적자가 늘어나기만 할 것이고, 또 그대로 제조를 해도 문제이니 대책을 강구하는 것이 무엇보다도 중요하다.

대책으로는 한계이익을 늘리기 위해 판매 가격을 올리거나 매입가를 내리고 코스트를 낮추는 등의 방법을 들 수 있다. 그래도 B제품의 제조를 중단해야겠다면 최후의 대책으로 A제품의 생산과 판매를 배 이상 늘리는 것이 효과적이다.

특히 한계이익이 큰 제품은 판매량이 늘어나면 이익의 증대효과도 높아지므로 생산량을 조정할 때는 한계이익의 크기에 주목하는 것이 가장 중요하다.

●● 추가주문도 마찬가지

이제 추가 주문이 들어왔을 경우를 생각해보자. C와 D 두 제품의 코스트 내역은 다음 그림과 같다. 여기서 C제품의 추가 주문이 들어왔다고 하자. 추가 주문이므로 상대방이 가격 할인을 요구할 수 있다. 이때 어느 정도까지의 할인이라면 수주해도 좋을까?

이 경우 변동비 이상의 가격이라면 수주해도 좋다고 볼 수 있다. 추가 주문이므로 기본적으로는 이미 고정비를 커버하고 있을 것이므로 이후 변동비를 벌어들이면 이익이 나게 되어 있다.

추가 주문의 경우는?

두 가지 제품이 흑자

C 제품

판매가격 300원
변동비   100원
고정비   100원
(D제품과 반반 부담)
───────────────
손익   100원의 흑자

D 제품

판매가격 200원
변동비   80원
고정비   100원
(C제품과 반반 부담)
───────────────
손익   20원의 흑자

이미 고정비를 커버하고 있으며
설비에도 생산 여력이 있다

⬇

**C제품의 추가 주문은
얼마 정도면 수주할 만한가?**

변동비를 넘는 가격, 즉 100원 이상의 판매 가격이면
수주해도 된다

POINT

이미 고정비를 커버하고 있다면
변동비 이상의 가격으로 수주하면 된다

Case Study

스팟 비즈니스를 어떻게 볼 것인가?

- -

●● 스팟 비즈니스는 한계이익과 설비의 가동상황으로 결정하라

스팟 비즈니스(spot business; 단발사업)란 실행 중인 생산 계획이나 서비스 이외에 예정하지 않았던 단발적 혹은 임시로 발생하는 사업을 말한다. 예를 들어 다음의 그림처럼 A제품을 매월 1,000개 생산하고 있는 공장이 갑자기 추가 주문을 받은 경우 등이다. 이때 스팟 비즈니스가 생겼다고 할 수 있는데, 이를 수주해야 하는지를 분석해보자.

설비 가동에는 여유가 있고, A제품이 1개당 600원이라는 낮은 판매가로 스팟 비즈니스 상담이 들어왔다고 하자. 이 경우는 상담을 받아들이는 쪽이 이득이 된다. 설비에 여유도 있고 한계이익이 나오므로 놀고 있는 설비를 활용해서 매출을 올리는 쪽이 이득이기 때문이다. 더욱이 이번 주문이 단발로 끝나는 스팟 비즈니스이므로 한계이익이 플러스인 이상 수주해도 상관없다.

다만 한계이익이 나온다 하더라도 고정비를 부담하는 것은 아니므로 주의해야 한다. 이 경우는 어디까지나 단발사업이므로 받아들여도 좋다는 이야기다. 즉 한계이익이 나온다고 해서 모든 일거리를 받아들이다가는 회사 전체의 적자로 이어지는 경우도 생기므로 정확한 판단이 필요하다.

설비에 여유가 있는 경우

A제품의 코스트 내역

판매 가격	1,000원
변동비	400원
고정비	300원
손익	300원의 흑자

추가 주문 500개,
판매가격 1개당 600원의 주문을
받을 것인가?

 POINT

설비에 여유가 있을 경우, 변동비 이상의 주문은 받을 만하다!

●● 설비의 가동에 여유가 없을 때는 어떻게 판단할 것인가

이번에는 설비의 가동 상황에 여유가 없는 경우, ①잔업으로 가동 시간을 연장하거나 ②전부 외주로 돌리거나 ③새로운 설비투자를 하는 등의 대책을 생각해볼 수 있다. 보통은 ①의 방법을 취하지만 잔업을 하게 되면 당연히 인건비가 올라가므로 판매 가격을 올리거나 이익이 감소하는 것을 각오해야만 한다.

②의 경우는 추가 설비투자 없이 고객의 요망에 응하는 것은 가능하나, 품질 유지를 위해 외주 회사에 일일이 지시하는 여러 가지 비용이나 외주 회사에 대한 지불 등이 발생하고, 신용할 만한 외주처가 아니라면 제품이나 제조법에 관한 노하우가 외부로 유출될 위험성이 있으므로 외주 회사 선정에 주의를 기울여야 한다.

③의 경우는 상대방에게 최소 발주량을 보장받는 등 추가 설비투자 이후에도 투자액의 회수가 확실한지를 체크해야만 한다. 설비투자가 결국은 회사의 안정적인 매출 기반의 강화로는 이어지지만 판매량이 당초 예상보다 적을 경우 설비 투자한 자금을 회수하기 어렵다는 위험성을 안고 있다.

반대로 최근에는 경기불황으로 인해 과거의 의욕적인 설비투자가 과잉 상태인 회사들도 많아졌다. 이런 회사들이 설비를 효율적으로 활용하기 위해서는 ①OEM 공급을 실시하거나 ②해외 시장을 개척하는 등의 대책을 들 수 있다. OEM 공급이란, 자사의 판매능력에 한계가 드러나 제품을 더 이상 판매할 수 없는 경우에 타사로부터 주문제작 의뢰를 받아서 그 회사의 브랜드로 제품을 생산해내는 것을 말한다. 이는 설비의 가동률을 높이는 데 효과적이다.

설비에 여유가 없는 경우의 대책

① 잔업으로 가동시간을 연장한다
② 전부 외주로 돌린다
③ 새로운 설비투자를 한다

OEM이란?

타사 브랜드의 제품을 생산하는 것
과잉상태의 설비를 효과적으로 이용하는 데는 최적이다

Case Study

상품을 떨어뜨렸을 때의
손실은 얼마인가

●● 품절이 났을 경우의 기회 손실이란 무엇인가

고객이 상품을 구입하러 가게로 들어왔으나 재고가 없다면 다른 곳으로 가 버릴 것이다. 이와 같은 품절에 의한 손실을 기회손실이라고 부른다.

기회손실(당연히 취득했어야 하는 매출액이나 절약했어야 하는 코스트)은 경리상으로는 일체 처리되지 않으므로 회사의 결산서 등에도 반영되지 않는다. 그러나 경영상의 수치에 민감해지기 위해서는 이 같은 기회손실에 대해서도 항상 의식하고 있어야 한다.

●● 판매하기 전에 상품이 파손되었을 경우의 손실은 얼마인가

예를 들어 식당에서 종업원이 손님 테이블까지 메밀국수를 가져가다가 바닥에 쏟았다고 하자. 메밀국수를 다시 만들어 고객에게 내놓지만 이 경우의 손실은 다음의 그림과 같다. 즉 판매하기도 전에 상품이 파손되었을 경우, 가게의 상황에 따라서 손실액은 달라진다.

메밀국수를 쏟았을 경우의 손실은?

메밀국수의 판매 상황

판매 가격　700원/그릇

비용　　　400원/그릇

이익　　　300원/그릇

1인분의 메밀국수를 쏟았을 경우……

*매일 재료가 동이 날 정도로 손님이 많은 경우

팔릴 메밀국수 한 그릇을 쏟아버렸으므로 판매가격 700원의 기회손실이 발생

*100인분 정도를 만들지만 매일 50인분밖에 팔리지 않는 경우

어차피 남은 50인분의 메밀국수를 처분할 것이므로 한 그릇의 메밀국수가 쏟아졌을 경우의 기회손실은 0원. 단, 매일 50그릇밖에 팔리지 않는다면 나머지 50그릇 분의 코스트 2만 원(400원×50그릇)이 판매예측 오류에 의한 기회손실(절약했어야 하는 코스트)이 된다.

 POINT

상황에 따라 기회손실 액수가 달라진다

1

결산서는
이것만 알아도 OK

결산서는 무엇 때문에 존재하는가

•• 결산서는 어디에 활용하는가

결산서는 외부에 보이기 위한 회사의 활동 보고서이다. 회사의 일정 기간 혹은 어느 시점에서−어느 정도의 매출을 올렸는가, 어느 정도의 이익을 냈는가, 어느 정도의 자산이 있는가, 어느 정도의 빚이 있는가−등이 기재되어 있다.

그렇다면 결산서를 작성하는 이유는 무엇일까?

회사의 진짜 이익은 회사가 만들어지고나서 사라질 때까지의 이익으로 계산되어야 한다. 그런데 회사는 도산하지 않는 한 영원히 활동을 계속할 것이므로 진짜 이익은 영원히 계산해낼 수 없게 된다.

그러므로 일정기간(회계기간이라고 한다)을 구분해서 '어느 기간 내에 얼마만큼의 이익을 냈는가'를 계산하게 된다. 대부분의 회사에서는 1년을 단위로 결산서를 만들며, 어느 달을 기점으로 1년의 단위를 삼는가는 회사가 자유롭게 정한다.

또한 결산서는 다른 회사와 비교가 가능하도록 모든 회사가 일정한 규칙에 따라서 작성한다. 따라서 결산서는 주주 등의 투자자들에게는 투자한 회사의 실적을 파악하기 위한 자료가 되고, 은행 등의 금융기관에게는 융자의 결정 및 조건 결정의 검토 자료가 되고, 거래처 기업에게는 거래를 할 것인가를 결정하는 근거자료가 된다. 그리고 경영자나

결산서란?

1999 ·············· 2000 ·············· 2001

회사는 매일 활동을 계속하므로
일정한 시점에서 선을 긋지 않으면 이익을 계산할 수 없다

손익을 계산하기 위해서는

기수
(4월 1일)

기말
(3월 31일)

회계기간

결산일

결산일

 POINT

일정기간의 손익이나 일정 시점에서의 자산 상황을 나타낸 것이
결산서이다

종업원 등 회사 내부의 사람들에게는 실적 확인, 실적 예상이나 실적 목표 등의 자료로 이용된다.

●● 결산서를 경영 분석으로 더욱 유용하게 이용한다

결산서를 읽으면 그 회계기간의 실적을 파악할 수 있다. 그러나 숫자를 눈으로 읽는 것만으로는 아무런 도움이 되지 못한다.

결산서는 경영 분석을 통해 더욱 유용하게 이용할 수 있는데, 경영 분석이란 결산서의 숫자를 사용해서 회사의 상태를 분석하는 것이다. 경영 분석을 하면 회사의 수익성, 안정성, 성장성 등이 한눈에 들어온다.

경영 분석은 결산서에 기재된 숫자를 이용해서 이루어지는데 결코 어려운 것이 아니다. 예를 들어 전기(前期)와의 비교만으로도 이미 뛰어난 경영 분석이 이루어진다.

경영 분석을 하기 위해서는 우선 결산서에 기재된 숫자를 사용해서 경영 지표를 산출하게 된다. 예를 들어 영업이익을 매출액으로 나눈 숫자를 매출액 영업이익률이라고 하며, 이를 회사의 수익력을 파악하는 지표로 활용한다. 이 숫자를 전년도나 타사 혹은 업계 평균 등과 비교해서 높으면 수익력이 뛰어나다고 할 수 있다.

이처럼 경영 분석에서는 몇 가지 경영 지표를 사용하게 되지만 어려운 계산식을 사용하거나 외워야 하는 경영 지표가 많은 것은 아니다.

경영 분석을 하자

결산서

경영 분석

결산서 내의 숫자를 조합시켜
비율을 구한다

 POINT

경영 분석을 하면 결산서를 잘 이해할 수 있다

결산서의 무엇을 이해해야 하는가

●● 손익계산서와 대차대조표

한마디로 결산서라고 말하지만 결산서에도 여러 가지가 있다. 모든 결산서를 이해할 필요는 없고 손익계산서, 대차대조표, 현금흐름 계산서 세 가지가 가장 중요하므로 여기서는 이 세 종류의 결산서에 대해서 설명하기로 한다.

'손익계산서'에는 1회계 기간에 회사가 얼마의 이익을 올렸는가가 기록되어 있다. 회사가 사업 활동을 한 결과로 올린 매출액과 소요 경비, 남긴 이익 등을 파악할 수 있다. 손익계산서(profit and loss statement)는 P/L이라고도 한다.

'대차대조표'는 회계 기간 중 마지막 날(즉 결산기말)의 회사의 재정 상태를 표시하고 있는 결산서이다. 3월말 결산인 회사의 경우로 살펴보면, 3월 31일 시점에서 '어느 정도의 자산이나 채무를 가지고 있는가'를 표시하고 있다. 구체적으로는 1년간의 사업 활동의 결과, 최종적으로 무엇이 얼마나 남았는지를 알 수 있다. 대차대조표(balance sheet)는 B/S로 줄여 말하기도 한다.

즉 손익계산서에서는 1년간의 이익을 계산하고, 그 결과 재산이 늘었는지 줄었는지를 대차대조표에서 보여준다고 생각하면 된다. 예를 들어 1년간의 사업 활동의 결과, 이익이 1000만 원이라면 그 해 결산의

결산서의 종류

회계 기간

결산일

손익계산서(P/L)

1회계 기간의 손익을 나타낸 것

대차대조표(B/S)

결산일 시점의 재정상태를 나타낸 것

현금흐름 계산서(C/F)

1회계 기간의 현금의 출입을 나타낸 것

대차대조표에서는 전년도의 대차대조표보다 순자산이 1000만 원 늘어났다고 해석할 수 있다.

•• 현금흐름 계산서

마지막으로, '현금흐름 계산서(cash flow statement)'는 현금의 움직임에 초점을 맞춘 결산서이다. 손익계산서는 이익을 계산하는데 반해, 현금흐름 계산서는 말 그대로 현금의 흐름을 나타낸다.

자세한 내용은 뒤에서 설명하겠지만 이익과 현금은 같은 움직임을 보이지는 않는다. 이익이 나도 현금이 없으면 회사가 도산할 위험에 처하게 되므로 현금흐름 계산서에 주목하고 있어야 한다.

일반적으로는 C/F라고 한다.

현금흐름 계산서가 왜 중요한가?

이익과 현금의 증가는 일치하지 않는다

이익이 나더라도 회사가 도산하는 경우가 있다

현금흐름 계산서를 보면
회사의 실력을 더욱 정확하게 파악할 수 있다

1년간의 회사 실적을 판단하자

●● 손익계산서에서는 다섯 종류의 이익을 계산한다

손익계산서는 1년 동안의 회사의 손익을 계산한다. 즉 1년 동안 회사가 이익을 냈는지 손실을 냈는지 그 액수가 얼마인지를 표시한다.

기본적으로는 매출액 등의 수익(들어올 돈)에서 비용(코스트; 나갈 돈)을 빼서 이익을 계산한다. 단, 수익이나 비용에도 여러 가지가 있다. 회사는 중점 사업에 의한 수익 외에도 투자에 의해 수익을 얻는 경우도 있으며, 비용 면에서도 중점 사업 이외에 소요되는 비용이 있는 경우도 있다.

따라서 손익계산서에서는 수익과 비용을 몇 가지로 분류하고 각 단계로 나누어 매출액 총이익, 영업이익, 경상이익, 세금공제 전 당기이익, 당기이익 등을 계산한다.

●● 이익은 어떻게 계산하는가?

매출액 총이익은 회사의 중점사업 매출액에서 매출원가를 뺀 것이다. 매출원가는 소매업에서 보자면 매입원가(매입 가격), 제조업에서는 인건비를 포함하는 제조나 공사에 소요된 비용을 의미한다.

영업이익은 매출액 총이익에서 판매비 및 일반관리비를 뺀 것으로

손익계산서는 어떻게 구성되어 있는가?

경상손익부분	영업손익부분	매출액 ··· 수익
		매출원가 ··· 비용
		매출액 총이익 ···························· 이익
		판매비 및 일반관리비 ···················· 비용
		인건비 / 감가상각비 / 제경비
		영업이익 ······································ 이익
	영업 외 손익부분	영업 외 수익 ······························· 수익
		수취이자 / 수취배당금 / 잡수입
		영업 외 비용 ······························· 비용
		지불이자 / 잡손실
		경상이익 ································ 이익

특별손익부분	특별이익 ······························· 수익
	투자유가증권 매각수익
	고정자산 매각수익
	특별손실 ······························· 비용
	투자유가증권 매각손실
	고정자산 매각손실
	재해손실

| 세공제 전 당기이익 ···························· 이익 |
| 법인세, 주민세, 사업세 등 ···························· 비용 |
| 당기이익 ······························· 이익 |
| 전기 이월이익
중간 배당액
중간 배당에 의한 이익준비금 적립액 |
| 당기말 처분이익 |

 POINT

1회계 기간의 수익, 비용, 이익을 파악할 수 있다

회사의 중점사업의 이익을 나타낸다.

경상이익은 영업이익에 영업 외 손익을 가감한 것이다. 영업 외 손익이란 중점사업 이외에 주로 재무활동에 의한 손익으로, 수익면에서는 예금이나 대부금에서 발생하는 수취이자, 수취 배당금, 잡수입이고 손실 면에서는 차입금의 지불이자 등이 있다. 이 경상이익은 회사의 경상적인 이익을 나타내는 것이므로 회사의 최고경영자나 경리부문의 담당자들이 주목하는 이익이다.

세공제 전 당기이익은 경상이익에 특별손익을 가감한 것이다. 특별손익이란 화재로 건물이 피해를 입었을 경우의 손실, 그때 수령하는 보험금, 토지나 건물을 매각했을 경우에 얻는 매각 금액, 간부 퇴직금 등 통상 발생하지 않는 임시 손익을 말한다.

당기이익은 세공제 전 당기이익에서 법인세, 주민세, 사업세 등을 뺀 나머지이다. 즉 당기이익은 회계 기간 당해연도에 모든 사업 활동으로 얻은 최종 이익이라고 할 수 있다.

손익계산서의 이익

매출액

이익의 기본   매출액 총이익   매출 원가

중점사업의 이익   영업이익   판매비 및 일반관리비

**중점사업에서 재
무활동의 손익을
포함시킨 이익**   경상이익   영업 외 손익

세공제 전 이익   세공제 전 당기이익   특별손익

**당해년도의
최종 이익**   당기이익   법인세, 주민세, 사업세

*영업 외 손익과 특별손익은 플러스인 경우도 있다

POINT

손익계산서에서는 규칙으로 정해진
다섯 종류의 이익을 계산한다

큰 자산은 특별한 비용이 든다

감가상각비
큰 자산은 한 번에 전액 비용이 될 수는 없다

●● 감가상각이란 무엇인가

판매비 및 일반관리비 중 감가상각비란 PC나 자동차 등 사업에 필요한, 보통 100만 원 이상의 물건을 구입한 경우에 발생하는 비용이다.

자동차나 기계 등과 같이 보통 100만 원 이상인, 사업을 위해서 장기간 이용 및 운용되는 물건을 고정자산이라고 부른다. 경리부문에서는 고정자산을 구입할 때 일단 자산으로 상정하고 1년을 단위로 그 가치를 상실해가는 것으로 본다. 이 1년을 단위로 감소해가는 가치를 일컬어 감가상각비라고 말한다.

●● 상각 기간과 상각률은 법률로 정해져 있다

법인세를 계산할 때, 어떠한 고정자산이 얼마만큼의 가치를 상실해 나가는지에 대해서는 법률로 정해져 있으며 그 상실한 가치만큼의 금액이 감가상각비가 된다. 예를 들어 내용연수(耐用年數) 6년, 잔존가액 10%인 자동차를 2000만 원에 구입한 경우, 잔존가액을 뺀 1800만 원이 내용연수 6년의 상각률로 상각해 나가게 되므로 매년 약 300만 원이 감가상각비가 된다.

감가상각비의 계산 사례(정액법)

2000만 원의 자동차를 구입한 경우

내용연수 6년(상각률 = 100 ÷ 6 = 16.6%)
잔존가액 10%(200만 원)

① 구입가액에서 잔존가액을 뺀다
2000만 원 – 200만 원(잔존가액) = 1,800만 원
② ①의 금액에 상각률을 곱한다
1800만 원 × 16.6% = 2,988,000원

**6년 동안 매년 2,988,000원이
감가상각비로써 경비가 된다**

 POINT

감가상각의 방법에는 정액법과 정률법이 있으나
여기서는 감가상각의 의미를 이해하는 데 주력하기로 한다

미래의 지출을 위한 비용도 준비하라

미래에 발생할 비용에 대비하기 위한 비용도 있다

◦◦ 어느 정도 예측 가능한 미래의 비용에도 대비하라

준비금도 판매비 및 일반관리비에 포함된다. 대손준비금(또는 대손충당금)을 계산했다거나 퇴직급부 준비금을 계상했다는 뉴스를 들어본 적이 있을 것이다.

준비금이란 미래에 발생할지도 모를 비용을 미리 준비해두기 위한 비용이다. 예를 들어 퇴직금은 어느 정도 계산 가능한 것이므로 그 액수를 퇴직급부 준비금으로 계상해 둔다.

◦◦ 거래처의 도산에 대비하는 대손준비금

미래에 거래처가 도산하는 등의 이유로 외상매출금(외상으로 상품을 구입한 경우에 발생하는 것)이나 대부금의 일부를 회수할 수 없게 될 경우를 상정해서 대비하는 것이 대손준비금이다.

퇴직급부 준비금이라면 어느 정도 발생 금액을 예상할 수 있으나 대손준비금의 경우는 정해진 방법으로 계산한 액수를 계상하게 된다.

준비금이란 무엇인가?

미래에 발생하게 될 비용에 대비하여
예상액을 매년 계상한다

준비금의 종류(예시)

퇴직급부 준비금 – 미래 발생할 퇴직금에 대비하여 계
      상해 둔다

대손준비금 – 거래처의 외상매출금이나 대부금이 회
      수 불가능해졌을 경우에 대비하여 계상
      해 둔다

 POINT

준비금의 계산 방법까지 세세하게 알 필요는 없다

회사의 재정상태로
회사의 저력을 파악하자

대차대조표

결산일 시점의 회사 재정상태를 알 수 있다

•• 대차대조표는 좌우로 나뉘어 있다

대차대조표를 balance sheet라고 하는데 이는 좌우의 합계액이 똑같기 때문이다. 참고로 왼쪽은 자산 부분으로 구성되고, 오른쪽은 부채 부분과 자본 부분으로 구성되어 있다.

대차대조표의 왼쪽에는 자금의 운용 형태가, 오른쪽에는 자금의 조달 원천이 기록되어 있다. 자금의 운용이나 조달 원천 등의 단어가 어렵게 느껴지겠지만 오른쪽에는 어디에서 돈을 가지고 왔는가, 왼쪽에는 그 돈을 어떠한 상태로 가지고 있는가를 기록해놓은 것이라고 보면 된다.

예를 들어 은행에서 자금을 차입해 설비를 구입했을 경우, 오른쪽에 은행에서의 차입금, 왼쪽에는 설비가 들어간다.

•• 대차대조표에는 무엇이 기록되어 있는가?

대차대조표의 왼쪽(자산부)은 자산을 어떠한 형태로 가지고 있는가를 표시한다. 예를 들어 현금이나 예금, 건물 등 결산기말 시점에 지니고 있는 자산의 내역이 기록되어 있다.

자산 부분은 다시 유동자산, 고정자산, 이연자산으로 나뉜다. 유동자

대차대조표는 어떻게 이루어져 있는가?

대차대조표
(balance sheet)

〈차 변〉   〈대 변〉

| 자산 | 부채
(타인자본) |
| | 자본
(자기자본) |

총자산   총자본

⬇   ⬇

(조달한 자금이
어떻게 운용되고
있는지 나타냄)   (자금의 조달 방법을
나타냄)

⬆   같은 금액이 됨   ⬆

 POINT

기말 시점의 재정상태를 나타낸다

산은 상품이나 제품 등의 재고정리 자산(이른바 재고)이나 매출 채권, 입체금 등 비교적 단기간(대개 1년)에 현금화할 수 있는 자산을 말한다.

이에 반해 고정자산은 토지나 건물 등 부동산이나 기계 비품 등 장기간에 걸쳐서 회사가 사용하는 자산을 말한다. 이밖에도 자산 부분에는 이연자산이 기재되어 있는데 이것은 특수한 자산이므로 설명은 뒤에서 하기로 한다.

대차대조표의 오른쪽에는 크게 부채와 자본 둘로 나뉘어 있는데 어디서 자금을 조달했는지가 기록되어 있다. 부채 부분은 차입금 등 주주 이외의 곳에서 조달한 금액으로 최종적으로는 갚아야 할 채무가 기재되어 있다. 자산과 마찬가지로 유동부채와 고정부채로 크게 나눌 수 있으며 이것도 단기와 장기간으로 구별된다. 즉 단기간에 갚아야 할 필요가 있는 것이 유동부채, 장기간에 걸쳐 갚아야 할 필요가 있는 것이 고정부채가 된다.

자본 부분은 주주에게서 출자된 자금이나 회사의 이익 중에서 회사에 남아있는 것(법정준비금, 잉여금 등)으로 구성되며 [자산-부채]로 계산하여 표시할 수 있다. 즉 자본 부분은 회사의 가치이다.

대차대조표는 어떻게 작성되는가?

① 6000만 원으로 회사설립

B/S

현금 예금 6000만 원	자본금 6000만 원
합계 6000만 원	합계 6000만 원

② 자본금으로 회사의 설비를 갖추었다

B/S

집기비품 6000만 원	자본금 6000만 원
합계 6000만 원	합계 6000만 원

③ 은행에서 빌려서 상품을 매입했다

B/S

상품 3000만 원	차입금 3000만 원
집기비품 6000만 원	자본금 6000만 원
합계 9000만 원	합계 9000만 원

④ 상품을 5,000만 원에 팔아 3,000만 원은 현금으로 받고
나머지 2,000만 원을 외상으로 했다

B/S

현금 예금 3000만 원	차입금 3000만 원
외상매출금 2000만 원	자본금 6000만 원
집기비품 6000만 원	당기이익 2000만 원
합계 11000만 원	합계 11000만 원

균형이 깨지면 위험

●● 부채가 회사의 재산을 상회할 경우

채무초과란, 회사가 회계상의 어느 시점에서 부채(빚)의 합계액이 자산(재산)의 합계액을 초과한 재정상태를 의미한다. 회사가 적자를 내고 그때까지의 자본이나 지금까지의 축적(과잉금)을 다 써서 완전히 고갈된 상태이다.

채무초과의 경우, 모든 자산(재산)을 매각해도 부채(차입금)를 전부 해소할 수 없기 때문에 빚만 남게 된다.

●● 채무초과라도 모두 도산하는 것은 아니다

그런데 채무초과라고 해서 반드시 도산하는 것만은 아니다. 회사는 자금 부족으로 지불이 불가능해졌을 때 도산한다. 그러므로 채무초과는 일반적으로는 회사의 위험도를 알려 주는 신호라고 이해하자.

특히 사업이 궤도에 오를 때까지 시간이 걸리는 벤처기업이나 돌발적인 사고로 인해 채무초과가 되어버린 경우에도 채무초과가 곧 도산이라고는 말할 수 없으므로 주의하도록 하자.

채무초과가 된 대차대조표

채무초과가 아닌 경우

자산 3000	차입금 2000
	자본금 100
	잉여금 900

(단위 ; 만 원)

채무초과의 경우

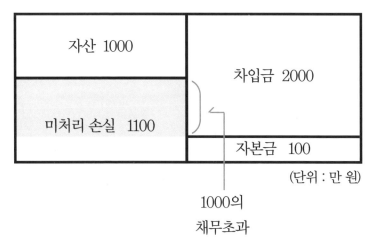

1000의
채무초과

(단위 : 만 원)

 POINT

채무초과는 회사의 위험을 알리는 신호

현금 유무가
회사의 실력을 나타낸다

현금흐름 계산서

현금흐름 계산서는 회사의 실력을 정확하게 나타낸다

•• 현금흐름 계산서가 중요한 이유

회사의 1년간의 이익은 손익계산서로 표시되지만, 이익이 났다고 현금도 반드시 플러스 상태가 되는 것은 아니다. 이는 손익계산서에서는 '발생주의'에 기초해서 이익을 계산하기 때문이다. '발생주의'에서는 거래가 이루어진 시점에서 매출을 올리거나 매입을 한 것이 된다. 즉 대금을 회수하지 않은 상태라도 거래가 발생한 시점을 매출 발생 시점으로 본다.

예를 들어 상품을 판매한 경우, 지불은 대개 두 달 뒤에 이루어지는 것이 일반적인데, 이 경우에 상품을 판매한 시점에서는 돈을 수령하지 않았음에도 불구하고 손익계산서상에는 매출로 계상된다. 그러나 제품을 구입한 상대 기업이 도산하면 대금을 회수할 수 없게 된다.

이에 반해, 현금흐름 계산서에는 대금을 수령한 시점에서 최초로 현금의 증가로 기재된다. 그러므로 손익계산서에서는 파악할 수 없는 현금의 움직임을 현금흐름 계산서로는 알 수 있다는 말이다.

왜 현금흐름 계산서가 중시되는가?

손익계산서와 대차대조표만의 경우

- 입금되지 않아도 매출로 기록된다
- 지불하지 않았는데도 경비로 기록된다

이익과 현금의 흐름이 일치하지 않음

회사는 이익이 났는데도 도산한다

그래서
현금의 흐름을 한눈에 알 수 있는
현금흐름 계산서가 중시되고 있다

●● 현금흐름 계산서에는 무엇이 기재되어 있는가

현금흐름 계산서는 영업활동, 투자활동, 재무활동의 세 가지로 구분되어 있다.

영업 현금흐름은 회사의 중점사업에 의한 현금의 흐름을 표시한다. 즉 슈퍼마켓 등의 소매업일 경우, 상품을 매입하여 판매한 경우의 실제의 현금흐름이라고 말할 수 있다.

투자 현금흐름은 설비투자나 주식 등의 유가증권 투자에 의한 현금의 흐름을 표시한다. 예를 들어, 토지를 취득하면 현금이 나가게 되고 매각하면 현금이 들어온다.

재무 현금흐름은 금융기관에서 빌린 차입금이나 회사채 발행 등에 의한 현금의 흐름을 알 수 있다. 금융기관에서 차입하면 현금은 늘어날 것이며 이를 갚으면 현금이 나간다.

흔히 접하는 유동 현금흐름(free cash flow)에 관해서도 살펴보자. 유동 현금흐름에 대해서는 뒤에서 자세히 설명하겠지만, 영업 현금흐름에서 투자 현금흐름의 설비투자액을 뺀 나머지 액수를 말한다.

즉 유동 현금흐름이 플러스라는 말은 중점사업에서 벌어들인 현금(영업 현금흐름)으로 이후의 영업에 필요한 설비투자(투자 현금흐름)를 커버하고 있다는 말이므로 건전한 재정상태라고 할 수 있다.

현금흐름 계산서의 예

영업 현금흐름

세금 등 조정 전 당기이익	XXX
감가상각비	XXX
대손준비금의 증가액	XXX
거래이자 및 배당금	– XXX
지불이자	XXX
외환차손	XXX
매출채권의 증가액	– XXX
재고정리 자산의 증가액	– XXX
매입채무의 증가액	XXX
소　　계	XXX
이자 및 배당금 수령액	XXX
이자 지불액	– XXX
법인세 등의 지불액	– XXX
영업 현금흐름	XXX

투자 현금흐름

정기예금의 순감소액	XXX
유가증권의 취득에 의한 지출	– XXX
유가증권의 매각에 의한 수입	XXX
유형고정자산의 취득에 의한 지출	– XXX
유형고정자산의 매각에 의한 수입	XXX
투자 현금흐름	– XXX

재무 현금흐름

단기차입에 의한 수입	XXX
단기차입의 변제에 의한 지출	– XXX
장기차입에 의한 수입	XXX
장기차입의 변제에 의한 지출	– XXX
배당금의 지출	– XXX
재무 현금흐름	XXX
현금 및 현금 동등물과 관련된 환산차액	XXX
현금 및 현금 동등물의 증가액	XXX
현금 및 현금 동등물의 기수 잔고	XXX
현금 및 현금 동등물의 기말 잔고	XXX

불량채권, 도산이란 무엇인가

●● 회사는 흑자라도 도산할 수 있다

도산이란 지불해야만 하는 돈을 지불할 수 없게 된 경우에 발생하는데, 구체적으로는 어음이 부도나거나 채무 지불이 불가능해서 회사갱생법이나 민사재생법의 신청 등을 한 경우에 도산한 것으로 간주한다. 적자라 하더라도 도산하지 않을 수 있으며 흑자라도 도산하는 경우가 있다.

현금의 유무는 이익과 직접 관계 없다. 예를 들어 2억 원의 이익을 내고 있는 회사라고 해도 가지고 있는 돈 전부를 골프장 용지 매수에 투입해 버리면(토지는 비용이 아니라 자산이므로 이익은 나간 상태가 된다) 회사에 현금은 없어지며 그 후의 지불이 불가능해져 도산하고 만다.

한편 적자를 내는 회사라도 거래처가 지불 기한을 연장해주거나 은행에서의 차입금을 늘릴 수 있다면 도산하지 않고 버틸 수 있다. 이처럼 현금의 유무가 도산하느냐 마느냐의 중요한 원인이 되므로 현금흐름 계산서가 대단히 중요시되고 있다.

●● 불량채권이 경제 불황의 원인이 되고 있는 이유는 무엇일까

불량채권이란 외상매출금이나 대부금 등의 채권 중, 거래처가 도산

회사는 흑자라도 도산할 수 있다

예를 들어 흑자라도(이익이 나더라도) 입금이 안 되면

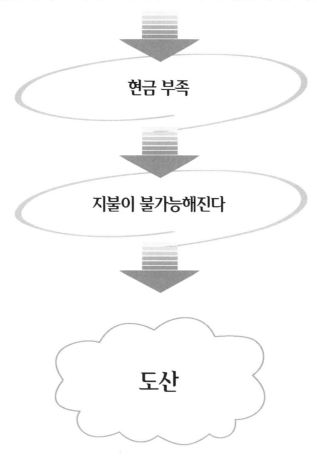

현금 부족

지불이 불가능해진다

도산

 POINT

도산은 이익의 유무와는 직접적인 관계 없이
현금 부족으로 일어난다

직전이거나 도산해버려 자금 회수에 오랜 기간이 걸리거나 전액 회수가 불가능하리라고 판단되는 채권을 말한다.

불량채권은 자산이지만 현금화하기가 곤란해서 가치가 거의 없다고 볼 수 있다. 예를 들어 은행의 경우, 대출을 해준 기업이 도산 위기에 처하면 그 대출금이 불량채권화된다. 그리고 불량채권이 되면 예정되어 있던 원리금 회수가 불가능한 것은 물론이고 그 채권에 대해 준비금을 계상함으로써 손실이 발생한다. 이 때 은행은 자기자본이 감소하므로 대출 범위를 줄여야 할 필요가 생긴다. 이로 인해 신규 대출로 돌아야 할 자금 흐름이 멈추고 대출 액수도 줄어든다.

또한 불량채권이 될 것인지 아닌지에 대한 예측을 최대한 정확하게 내려 매듭을 짓지 않으면 단순히 불량채권만 늘리는 꼴이 될 수도 있다. 그러므로 불경기가 계속되면 회사의 도산이 증가하고 은행의 불량채권도 증가하여 은행 입장에서는 준비금을 계상해 둘 필요가 생기고 자금을 기업 대출로 회전시킬 수 없게 된다. 결국 은행 대출을 받을 수 없게 된 기업의 도산이 증가하여 경기가 더욱 악화되는 악순환의 고리에 빠지게 된다고 할 수 있다. 때문에 은행의 불량채권 문제를 해결하지 않으면 경기 회복은 힘들다는 말이 나오는 것이다.

불량채권은 발생시키지 않는 것이 제일 좋지만 어차피 발생해 버린 불량채권은 조기에 처리하고 다음 매출을 위해서 노력하는 것이 중요하다.

불량채권이 경제를 악화시킨다?

불경기(혹은 디플레이션)

도산 증가   도산 증가

기업 대출 감소   은행의 불량채권 증가

은행이 많은 준비금을 계상한다

POINT

전액 회수가 불가능해 보이는 외상매출금이나 대출금을
불량채권이라고 한다

2

경영 분석은
이것만으로도 충분하다

2

8 34

6 7 9

회사의 경영 효율을 체크하라

총자본 경상이익률, 총자본 회전율
경영 효율이 나쁜 회사는 평가받지 못한다

●● 총합력이란 무엇인가

현재는 회사의 규모보다는 내용이 건실한 회사가 평가받는 추세다. 내용은 규모나 매출의 크기가 아닌 회사의 총합력, 즉 경영 효율과 수익력에 의해 좌우된다. 경영 효율이란 얼마나 적은 자본으로 회사를 움직였는가를 뜻하며, 수익력이란 어느 정도의 이익을 올렸는가에 의해 결정된다.

●● 총자본 경상이익률로 경영 효율을 진단하자

예를 들어 A사(경상이익 1억 원, 총자본 10억 원)와 B사(경상이익 1억 원, 총자본 5억 원)를 비교했을 경우, B사가 경영효율이 좋다고 할 수 있다. 같은 경상이익을 냈다면 총자본이 적은 회사가 총자본을 효율적으로 이익으로 연결시키고 있기 때문이다.

경영 효율이란, 총자본을 얼마나 효율적으로 이익으로 연결시키고 있는가를 보는 것이다. 그리고 회사의 경영 효율을 재는 지표가 총자본 경상이익률이다. 총자본 경상이익률은 자본을 효율적으로 사용하고 있는가를 판단하는 지표이다.

총자본 경상이익률이 높으면 높을수록 효율적으로 돈을 벌고 있는

효율이 나쁜 회사는 평가받지 못한다

과거에는…

매출액이 큰 회사가 높은 평가를 받았다

현재는…

내용이 건실한 회사가 평가받으며
수익력, 경영 효율이 중시되고 있다

POINT

적은 자본으로 큰 이익을 내는 노력이 중요하다

회사라고 말할 수 있다. 총자본 경상이익률은 다음과 같이 계산한다.

총자본 경상이익률(%)=경상이익÷총자본×100

경상이익은 결산서의 이익 중에서 가장 중요한 이익이라고 할 수 있다. 총자본이란 대차대조표의 오른쪽에 기재된 모든 것을 말한다. 즉 부채와 자본을 더한 것이 바로 총자본이다.

따라서 총자본 경상이익률을 높이기 위해서는 경상이익을 높이든가 총자본을 내리는 수밖에 없다. 예를 들어 경상이익 1억 원, 총자본이 10억 원이라면 총자본 경상이익률은 10%(1억 원÷10억 원)가 된다. 경상이익이 똑같이 1억 원이더라도 그 이익을 획득하기 위해서 사용한 총자본이 5억 원이라면 총자본 경상이익률은 20%(1억 원÷5억 원)가 된다. 이처럼 경상이익이 똑같다면 총자본이 적은 쪽이 총자본 경상이익률은 높아진다.

지금은 어느 정도의 이익을 올렸는가 혹은 얼마나 적은 자본으로 회사를 경영했는가로 평가받는 시대이므로 총자본 경상이익률이 더욱 중요시되고 있다. 일반적으로는 4% 이상이라면 최저 라인은 달성했다고 말할 수 있다.

●● 총자본 회전율을 보자

다음으로는 자본의 효율성을 살펴보자. 자본의 효율성을 조사하기 위해서는 총자본 회전율을 사용하는데, 다음과 같이 계산한다.

총자본 회전율=매출액÷총자본

매출액이 5억 원에 총자본이 1억 원일 경우, 총자본 회전율은 5회전(5억 원÷1억 원)이 된다. 이것은 1억 원인 자본의 5배에 해당하는 매출을 올렸음을 의미하며, 총자본 회전율이 높으면 높을수록 자본이 효율

총자본 경상이익률을 이해한다

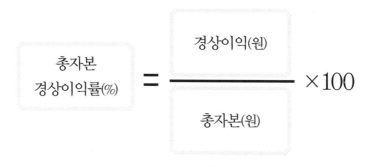

$$\text{총자본 경상이익률(\%)} = \frac{\text{경상이익(원)}}{\text{총자본(원)}} \times 100$$

총자본 경상이익률은 높을수록 좋다

높이기 위해서는

①경상이익을 높인다
②총자본을 낮춘다

동업종 타사와 비교해보자!

	건전기업 평균
제조업	5.6%
도매업	3.8%
소매업	8.1%
운수 및 통신업, 부동산업	8.0%
서비스업(세탁업의 예)	12.5%
건설업	5.5%

(중소기업의 경영지표 : 2001년도 조사)

적으로 사용되고 있다는 이야기다.

　A사(매출액 5억 원, 총자본 1억 원)와 B사(매출액 3억 원, 총자본 1억 원)를 비교한 경우를 예로 들어보자. A사의 총자본 회전율은 5회전(5억 원÷1억 원), B사의 총자본 회전율은 3회전(3억 원÷1억 원)이다.

　같은 총자본이라면 매출액이 높은 쪽이 총자본 회전율이 높아진다. 또한 같은 매출액이라면 총자본이 적은 쪽이 총자본 회전율은 높아진다. 즉, 총자본 회전율이 높으면 높을수록 보다 적은 자본으로 보다 많은 매출을 올리고 있는 것이며 자본의 효율성이 높다고 할 수 있다.

　총자본 회전율을 높이기 위해서는 매출액을 높이든가 총자본을 낮추는 방법 이외에는 없다. 요즘처럼 매출이 늘지 않는 시대에는 총자본을 줄이는 쪽이 현실적인데 총자본을 줄이기 위해서는 쓸데없는 자산(사용하고 있지 않은 토지나 건물, 재고 등)이나 차입금 등의 부채를 줄이는 것이 효과적이다.

총자본 회전율을 이해하자

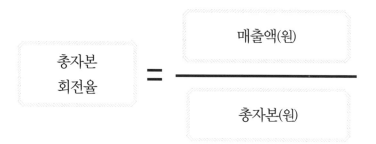

총자본
회전율
$=$ $\dfrac{\text{매출액(원)}}{\text{총자본(원)}}$

총자본 회전률은 높을수록 좋다

높이기 위해서는

① 매출액을 높인다
② 총자본을 낮춘다

동업종 타사와 비교해보자!

	건전기업 평균
제조업	1.3 회전
도매업	2.1 회전
소매업	3.3 회전
운수 및 통신업, 부동산업	2.2 회전
서비스업(세탁업의 예)	1.8 회전
건설업	1.6 회전

(중소기업의 경영지표 : 2001년도 조사)

회사의 수익력을 체크하라

매출액 총이익률, 매출액 영업이익률
수익력이 없는 회사는 평가받지 못한다

●● 회사의 수익력이란

회사는 이익을 내기 위해 존재한다. 앞에서 언급한 총자본 경상이익률이나 총자본 회전율은 총자본에 대한 이익률 또는 회전율에 대한 지표이지만, 여기서는 매출액에 대한 이익률을 살펴보자.

총자본 경상이익률이나 총자본 회전율로는 경영의 효율성을 파악할 수 있으나 매출액에 대한 이익률을 분석하면 회사의 수익력을 알 수 있다. 즉 회사의 돈 버는 능력을 알 수 있다.

요즘은 무엇보다도 효율성이 중시되고 있는 시대이므로 매출 효율뿐만이 아니라 이익 효율도 중요하다. 예를 들어서 B사(매출액 1억 원, 이익 1000만 원)와 A사(매출액 1억 원, 이익 2000만 원)를 비교해 보자. 이 경우는 A사가 수익력이 높고 이익 효율도 높다고 말할 수 있다.

똑같은 매출액이라면 이익이 많은 쪽, 똑같은 이익이라면 매출액이 낮은 쪽이 수익력이 높다고 말할 수 있다. 즉, 회사의 수익력이 높다라는 말은 보다 적은 매출로 보다 높은 이익을 올릴 수 있음을 의미한다.

●● 수익력을 체크하라

회사의 수익력은 매출액 총이익률과 매출 영업이익률로 분석할

돈버는 능력을 보라 ①

매출액 총이익률

$$매출액\ 총이익률(\%) = \frac{매출액\ 총이익(원)}{매출액(원)} \times 100$$

동업종 타사와 비교해보자!

	건전기업 평균
제조업	25.3%
도매업	22.2%
소매업	39.1%
운수 및 통신업, 부동산업	35.3%
서비스업(세탁업의 예)	63.1%
건설업	18.1%

(중소기업의 경영지표 : 2001년도 조사)

 POINT

돈버는 능력이 없는 회사의 이익에는 한계가 있다

수 있는데 이 수치가 높을수록 수익력이 높다고 말할 수 있다.

매출액 총이익률은 다음과 같이 계산한다.

매출액 총이익률(%)=매출액 총이익÷매출액×100

앞에서 설명한 것처럼 매출액 총이익은 매출 이익과 같은 말이다. 즉 매출액 총이익은 이익의 기본이므로 매출액 총이익률이 높은 회사는 상품 자체에 매력이 있어서 수익력이 높은 것이다.

다음으로, 매출액 영업이익률을 살펴보자. 매출액 영업이익률은 다음과 같이 계산한다.

매출액 영업이익률(%)=영업이익÷매출액×100

영업이익은 회사의 중점사업을 통해서 벌어들인 이익이다. 그러므로 매출액 영업이익률이 높은 회사는 이익 효율이 좋은 비즈니스를 가지고 있다고 할 수 있다.

이와 같이 매출액 총이익률과 매출액 영업이익률을 살펴보면 수익력을 파악할 수 있다. 그러나 이러한 지표의 수치는 업종에 따라 달라지므로 타사와 비교할 경우에는 동업종 타사와 비교하여야 한다.

또 과거 연도와 비교하는 것도 중요하다. 과거 연도와 비교함으로써 유행을 감지할 수 있다. 특히 이익률이 내려갔다면 이익 구조에 문제가 발생했을 가능성이 있기 때문에 과거와의 비교도 중요하다.

돈버는 능력을 보라 ②

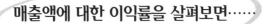

매출액에 대한 이익률을 살펴보면……

⬇

회사의 돈버는 능력을 알 수 있다

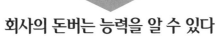

매출액 영업이익률

$$\text{매출액 영업이익률}(\%) = \frac{\text{영업이익(원)}}{\text{매출액(원)}} \times 100$$

동업종 타사와 비교해보자!

	건전기업 평균
제조업	4.5%
도매업	1.9%
소매업	4.6%
운수 및 통신업, 부동산업	2.0%
서비스업(세탁업의 예)	13.8%
건설업	3.2%

(중소기업의 경영지표 : 2001년도 조사)

위험한 회사를 구분하라 ①

●● 회사의 안정성

기업에 있어 거래처나 투자처의 도산만큼 고통스러운 일은 없다. 크게 손해를 입거나 때에 따라서는 그 도산에 휘말려 연쇄 도산해 버리는 경우도 있다. 그러므로 회사의 안전성 체크는 그 무엇보다도 중요하다.

회사의 안전성을 체크하기 위해서는 지불 능력을 살펴봐야 한다. 앞에서도 설명했지만 회사는 이익의 유무가 아니고 지불이 불가능해져서 도산하기 때문이다.

●● 단기 지불능력을 점검하라

단기 지불능력을 점검하기 위해서는 유동비율이라는 지표를 사용한다. 유동비율은 다음과 같이 계산한다.

유동비율(%) = 유동자산÷유동부채×100

유동비율은 대차대조표 내의 유동부채에 대해 유동자산을 어느 정도 지니고 있는가의 지표가 되고 있다. 유동자산이나 유동부채는 각각 단기간(대개 1년이 기준)에 현금화할 수 있는 자산과 단기간에 갚을 수 있는 부채이다. 따라서 유동자산이 유동부채를 상회할 경우 단기간의 지불에는 어려움이 없다고 볼 수 있다.

지불되어야 하는 돈이 지불되지 않는다

도산

지불능력을 살펴보면 회사의 안전성을 알 수 있다

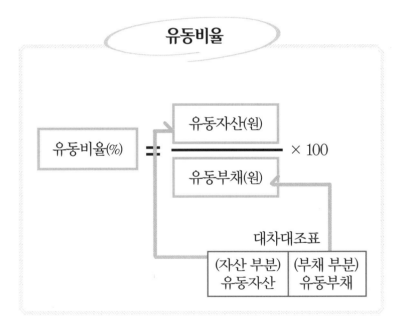

유동비율

$$유동비율(\%) = \frac{유동자산(원)}{유동부채(원)} \times 100$$

대차대조표

(자산 부분) 유동자산	(부채 부분) 유동부채

 POINT

120% 이상이 필요하다

즉 유동비율이 100%를 넘어서 있다면 지불능력이 있다고 볼 수 있으나 100% 이하일 경우에는 여력이 없는 것으로 안전하다고 할 수 없다. 유동비율은 높을수록 안전하나, 일반적으로는 120% 이상이면 안전하다고 본다.

유동비율을 살필 때에는 주의해야 할 점이 있는데, 유동자산 중에는 매출채권(외상매출금, 받을 어음 등)이나 재고도 포함되기 때문이다. 유동자산이 아무리 많아도 회수가 어려운 매출채권이나 팔릴 전망이 전혀 없는 재고뿐이라면 의미가 없다.

그래서 단기 지불능력을 더욱 엄격하게 보는 지표가 당좌비율이다. 당좌비율은 다음과 같이 계산한다.

당좌비율(%) = 당좌자산÷유동부채×100

이는 유동자산 중의 당좌자산에 대해 유동부채를 얼마나 지니고 있는가의 지표가 된다. 당좌자산은 현금 및 예금, 매출채권(외상매출금, 받을 어음 등), 유가증권 등 유동자산 중에서도 비교적 현금화하기 쉬운 자산들이다.

따라서 유동비율보다도 당좌비율이 100%를 넘어섰다면 안전하다고 말할 수 있다. 그러나 여기서도 매출채권의 내용이나 유가증권의 내용(가격 하락, 폭락 등)에도 주의해야 한다.

유동비율이나 당좌비율은 너무 높아도 문제인데 이들 비율이 너무 높을 경우, 필요 이상의 유동자산(혹은 당좌자산)을 가지고 있는 것이 된다. 즉, 자금이 쓸데없이 놀고 있으므로 효율성이 나쁘다고 간주된다.

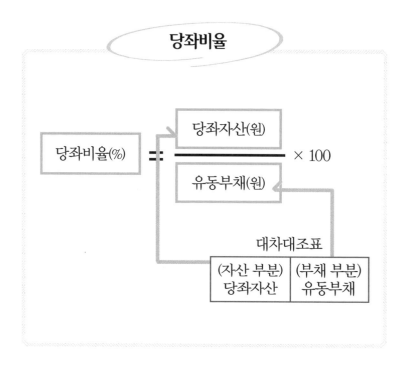

당좌비율

$$당좌비율(\%) = \frac{당좌자산(원)}{유동부채(원)} \times 100$$

대차대조표

(자산 부분) 당좌자산	(부채 부분) 유동부채

POINT

100%를 넘으면 안심할 수 있다

위험한 회사를 구분하라 ②

•• 장기 지불능력을 살펴보아야 한다

회사의 안전성을 확인하기 위해서는 앞에서 설명한 유동비율이나 당좌비율로 단기 지불능력을 살펴보는 것만으로 충분하다고 할 수 없다. 단기 지불능력이 있더라도 장기 지불능력이 없다면 도산할 가능성이 있기 때문이다.

장기 지불능력을 살펴보기 위해서는 고정비율과 고정장기적합률(고정자산의 장기 자본에 대한 비율)이라는 지표를 사용한다. 고정비율은 다음과 같이 계산한다.

고정비율(%)=고정자산÷자기자본×100

고정자산이란 토지, 건물, 설비 등 바로 현금화할 수 있는 자산을 말한다. 고정자산은 전매하지 않는 한 현금화할 수 없기 때문에 현금화하기까지 시간이 오래 걸린다. 고정비율은 고정자산을 자기자본(자신의 돈)으로 얼마만큼 커버하고 있는가를 나타내고 있다.

고정비율은 낮을수록 안전하지만 너무 낮아도 자기자본을 효율적으로 사용하지 못하는 것으로 간주되므로 주의해야 한다. 일반적으로 100% 이하일 경우 안전하다고 할 수 있다.

다음으로, 고정장기적합률의 계산 방법은 다음과 같다.

고정장기적합률(%)=고정자산÷(자기자본+고정부채)×100

고정비율을 계산하자

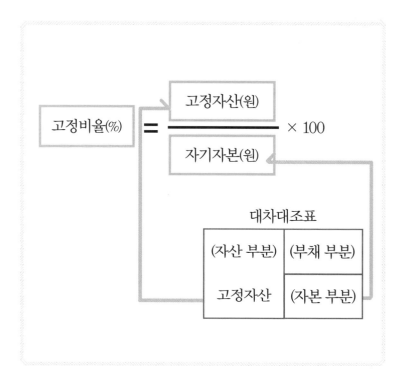

$$고정비율(\%) = \frac{고정자산(원)}{자기자본(원)} \times 100$$

대차대조표

(자산 부분)	(부채 부분)
고정자산	(자본 부분)

POINT

100% 이하라면 일단 안심해도 좋다

고정장기적합률은 고정자산의 장기자본에 대한 비율이다. 다시 말해 자기자본에 고정부채를 플러스하여 계산하므로 고정부채까지 안정된 자금으로 보는 것이다. 즉 고정자산을 얼마나 안정된 자금으로 커버하고 있는가를 체크하는 것인데 일반적으로 100% 이하라면 안전하다고 본다.

●● 자기자본 비율로 재무 체질을 체크한다

자기자본 비율이라는 단어를 들어본 적이 있을 것이다. 자기자본 비율은 다음과 같이 계산한다.

$$자기자본\ 비율(\%) = 자본 \div 총자본 \times 100$$

자기자본 비율은 대차대조표의 오른쪽 하단의 자본을 총자본(부채와 자본의 합계)으로 나눈 것이다. 자본은 회사의 돈이기 때문에 자기자본, 부채는 타인의 돈이므로 타인자본이라고도 한다. 즉 총자본에서 차지하는 자기자본의 비율이 자기자본 비율인 것이다.

자기자본 비율은 높은 쪽이 안전한데, 이유는 타인자본은 언젠가 갚지 않으면 안 될 돈이므로 총자본 중에 자기자본이 많은 쪽이 보다 안정적이기 때문이다. 자기자본 비율은 높은 쪽이 좋으나 지나치게 높은 것은 좋지 않다. 이는 자기자본을 효과적으로 사용하지 않은 것으로 간주되기 때문이다.

특히 최근에는 ROE, 즉 자기자본 이익률이 높은 회사를 높이 평가하는 추세이다. ROE는 ROE(%) = 당기이익 ÷ 자기자본 × 100으로 계산하므로 자기자본 비율이 너무 높을 경우 ROE가 낮아진다.

고정장기적합률과 자기자본 비율

고정장기적합률

$$고정장기적합률(\%) = \frac{고정자산}{(자기자본+고정부채)} \times 100$$

낮을수록 좋다

100% 이하라면 일단 안심해도 좋다

자기자본 비율

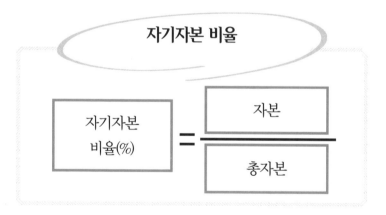

$$자기자본 비율(\%) = \frac{자본}{총자본}$$

 POINT

자기자본 비율은 높을수록 좋지만 지나치게 높은 것은 좋지 않다

은행의 안전성은 어떻게 파악할 것인가

은행의 안전성을 체크할 경우에도 자기자본 비율이 중시된다. 다만 은행의 경우는 BIS 자기자본 비율을 사용하게 되는데 이 BIS 자기자본 비율은 결산서로 간단히 계산할 수 있는 일반 자기자본 비율과는 다르다. 참고로, 일본 시중의 주요 은행들의 결산서상의 자기자본 비율과 BIS 자기자본 비율을 비교해보면 다음의 도표와 같다.

BIS 자기자본 비율은 각국의 중앙은행 등의 금융당국이 공동으로 설립한 국제결제은행(Bank for International Settlement)의 바젤 은행감독위원회가 1988년 7월에 각국 은행의 건전성과 안정성 확보를 위해 최소 자기자본 비율에 대한 국제적 기준을 마련하였다. BIS 자기자본 비율은 이 국제적 기준에 따라 계산되며 그 값이 8% 이상을 유지하도록 요구되고 있다(국내 업무만의 경우는 4% 이상). 즉 은행이 거래기업의 도산으로 부실채권이 갑자기 늘어나 경영위험에 빠져들게 될 경우 최소 8% 정도의 자기자본을 가지고 있어야 위기상황에 대처할 수 있다는 것이다.

BIS 규제의 목적은, 은행이 경영 능력을 상회하는 리스크를 떠안게 됨으로써 경영의 건전성을 해치는 것을 예방하는 데 있다. 즉 은행이 기준 값을 밑돌 경우 금융당국은 조기 시정조치 등의 규제를 발동하지 않으면 안 되며 과거 일본에서도 은행에 대한 공적자금 투입이 이루어졌던 경우가 있다.

BIS 자기자본 비율의 구체적인 계산식은 상당히 복잡한데, 전문가가 아닌 이상 계산방법까지 이해할 필요는 없으므로 여기서는 생략하겠다.

은행이 BIS 자기자본 비율을 높이기 위해서는 융자 등의 잔고를 압축하거나 자기자본을 늘릴 필요가 있다. 일본의 은행들은 불량채권을 많이 보유하고 있어서 늘 자기자본 비율이 내려갈 위험에 노출되어 있는 상태이므로 대출을 최대한 억제하여 융자 잔고를 줄이고 다방면에서 자본 조달을 해서 자기자본을 확충하려고 하고 있다.

BIS 자기자본비율과
2002년 9월 중간 결산서상의 자기자본비율

은행명	BIS자기자본비율	결산서상의 자기자본비율
미츠비시도쿄 금융그룹	10.49%	3.0%
스미토모 금융그룹	10.37%	2.6%
미즈호 지주회사	10.42%	2.6%
UFJ 지주회사	11.20%	2.8%

현금흐름을 체크하여
회사의 진짜 실력을 파악하라

유동 현금흐름, 현금흐름 이익

현금흐름 계산서를 제대로 이해하자

•• 유동 현금흐름(free cash flow)이란 무엇인가?

최근에는 결산서 중에서도 현금흐름 계산서가 점점 중요시되고 있다. 현금흐름 계산서는 현금의 출입을 표시하고 있으므로 회사의 실력을 판단하기 위한 신뢰성이 높은 결산서라고 할 수 있다.

그렇다면 현금흐름 계산서의 어디를 보면 좋을까?

우선 중요한 것은 유동 현금흐름이다. 유동 현금흐름은 영업 현금흐름에서 투자 현금흐름을 뺀 것이다. 유동 현금흐름은 플러스 상태인 것이 중요한데, 유동 현금흐름이 플러스라는 이야기는 투자한 이상의 현금흐름을 중점사업에서 벌어들이고 있는 증거가 된다. 그러므로 지금까지 해왔던 영업 활동을 이후로 계속 유지해도 플러스가 되는 현금흐름이 있다는 말이다. 그리고 금융부채를 갚은 다음에도 남는 현금이 많을수록 경영이 쉬운 동시에 주주에게 배당금으로 환원하는 것도 가능함을 알 수 있다.

반대로 유동 현금흐름이 마이너스일 경우, 영업 활동에 필요한 투자가 영업 현금흐름으로 커버할 수 없는 상태임을 나타낸다. 즉 지금까지의 영업 활동을 이후로도 유지하기 위해서는, 투자를 위한 현금을 어디에선가 더 조달(차입이나 자본의 증강)해오지 않으면 안 된다. 조달할 수 없는 경우라면 영업 활동이나 투자 활동을 축소해야 하며, 최악의 경우

A사의 현금흐름 계산서

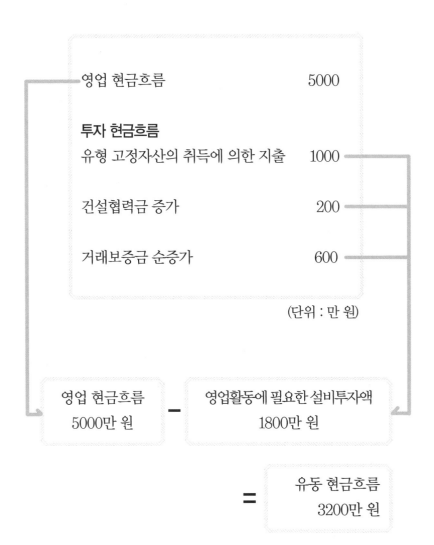

영업 현금흐름   5000

투자 현금흐름

유형 고정자산의 취득에 의한 지출   1000

건설협력금 증가   200

거래보증금 순증가   600

(단위 : 만 원)

영업 현금흐름 5000만 원	−	영업활동에 필요한 설비투자액 1800만 원

= 유동 현금흐름 3200만 원

자금 부족으로 도산하는 경우도 생긴다.

●● 현금흐름 계산서를 분석하자

현금흐름 이윤이라고 하는 지표를 사용하면 현금 획득 능력을 파악할 수 있다. 현금흐름 이윤은 다음과 같이 계산한다.

현금흐름이윤(%) = 영업 현금흐름÷매출액×100

현금흐름 이윤은 매출액에 대한 영업 현금흐름의 비율이다. 높으면 높을수록 현금흐름 획득 능력이 높다고 할 수 있다. 그러나 높을수록 바람직하기는 하나 최소한 플러스 상태에 있으면 좋은 지표이다.

현금흐름에 무관심한 회사가 현금흐름 이윤이 마이너스인 것은 그리 이상한 일은 아니다. 그러나 앞으로는 현금흐름이 더욱 중시될 것이므로 현금흐름에 민감한 비즈니스맨이 되도록 하자.

현금흐름 이윤 계산

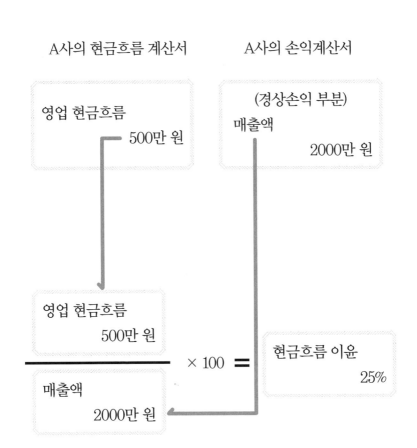

A사의 현금흐름 계산서

영업 현금흐름
500만 원

A사의 손익계산서

(경상손익 부분)
매출액
2000만 원

$$\frac{\text{영업 현금흐름 } 500\text{만 원}}{\text{매출액 } 2000\text{만 원}} \times 100 = \text{현금흐름 이윤 } 25\%$$

POINT

높으면 높을수록 좋다

173

1인당으로 분석하는 것이 중요하다

1인당 매출액, 1인당 매출액 총이익, 1인당 경상이익
타사와 비교할 수 있으며 자사의 문제점을 파악할 수 있다

•• 동업종 타사와 비교하기 쉽다

매출액, 매출액 총이익, 경상이익을 종업원 수로 나누면 동업종 타사와의 비교를 간단히 할 수 있다. 각각의 수치를 종업원 수로 나눈 값이 1인당 매출액, 1인당 매출액 총이익, 1인당 경상이익이다.

A사(매출액 4억 원, 종업원 수 20명)와 B사(매출액 3억 원, 종업원 수 10명)를 예로 들어 설명해 보자. 단순하게 매출액만으로 비교하면 A사가 뛰어난 것으로 보이지만 1인당 매출액으로 비교해 보면 달라진다. A사의 1인당 매출액은 2000만 원(4억 원÷20), B사의 1인당 매출액은 3000만 원(3억 원÷10)이다. 즉 B사가 1인당 매출액으로 봤을 때 더 많은 이익을 냈음을 알 수 있다.

경영의 효율성이나 수익력이 중요시되고 있는 요즘에는 1인당 매출액이 높은 B사가 높게 평가될 것이다. 예전처럼 규모가 중요시되던 때는 매출액이 높은 A사 쪽이 높은 평가를 받았겠지만 지금은 대기업일수록 경영 합리화를 추진해 경영 효율을 높이려고 노력하고 있다.

•• 과거의 수치와 비교하면 회사의 문제점을 알 수 있다

또한 이 1인당 수치는 과거의 수치와 비교하는 것이 중요하다. 1인

$$1인당\ 매출액 = \frac{매출액}{종업원수}$$

$$1인당\ 매출액\ 총이익 = \frac{매출액\ 총이익}{종업원수}$$

$$1인당\ 경상이익 = \frac{경상이익}{종업원수}$$

POINT

1인당으로 분석하면 회사의 규모와 상관 없이
회사의 실력을 비교할 수 있다

당 매출액이 전년에 비해 늘어났다면 적어도 매출액에 관해서는 순조롭게 늘고 있다고 말할 수 있을 것이다.

그러나 단순히 1인당 매출액이 늘어나는 것만으로는 별 의미가 없다. 회사는 이익을 내기 위해 존재하기 때문이다. 여기서 1인당 매출액 총이익, 1인당 경상이익을 살펴볼 필요가 생긴다.

매출액 총이익은 이익의 기본이다. 그러므로 1인당 매출액 총이익이 전년에 비해 줄어들었다면 회사의 이익 구조에 문제가 발생했을 가능성이 있다. 1인당 매출액 총이익의 감소는 상품 자체의 이익률이 원인이라기보다는 종업원이 많은 경우에 일어나기 쉽다.

경상이익은 회사의 경상적인 이익이므로 중요하다. 따라서 1인당 경상이익이 전년에 비해 적어졌다면 판매비 및 일반관리비나 영업 외 손익 등에 문제가 있을 가능성이 있다.

이와 같이 1인당 매출액 총이익, 1인당 경상이익을 과거의 수치와 비교함으로써 회사의 문제점을 파악할 수 있다. 이런 식으로 항상 1인당의 수치에 주목하고 있으면 회사의 현재 상황을 파악할 수 있다.

1인당 수치를 보는 포인트

1인당 수치에 주목하면 ……

- 타사와 비교하기 쉽다
- 자사의 과거 수치와 비교하면 문제점이 보인다

POINT

1인당 수치는 간단하므로 사용하기 쉽다

3

실제 회사를
경영 분석해보자

Case Study

문제 기업과 우량 기업은 어디가 다른가

•• 다이에와 이토요카도를 비교해보자

경영 상태가 문제시되고 있는 다이에와 우등생으로 평가받은 이토요카도 두 회사를 비교해보자.

총자본 경상이익률과 매출액 영업이익률을 보면 이토요카도의 수익력이 두드러지게 뛰어난 것을 알 수 있다. 다이에는 특별손익을 제외한 이익이 마이너스로 여전히 실질 적자를 보이고 있다. 유동비율을 보면 자금력에서 심한 격차가 있음을 알 수 있다. 이는 자금융통으로 직결되는 사항인데 이토요카도가 우위다.

더욱이 현금흐름을 보면 다이에는 폐점 등으로 자산을 팔고 있기 때문에 투자활동에 의한 현금흐름이 플러스이다. 그런데 이토요카도는 순조롭게 사업을 확대하고 있어서 신규사업(점포) 확장에 따른 설비투자가 발생하므로 투자활동에 의한 현금흐름은 마이너스가 된다. 그러나 설비투자가 영업활동에 의한 현금흐름의 범위 내로 머물러 있으므로 과잉투자는 아니라고 할 수 있다.

중간 연결 손익결산서(2002년 8월기)

	이토요카도	다이에
매출액	1,746,217	1,164,713
매출원가	1,107,369	737,956
매출액 총이익	638,848	426,757
판매비 및 일반관리비	530,351	406,207
영업이익	108,497	20,550
영업 외 손익	△6,472	△14,831
경상이익	102,024	5,719
특별손익	△320,650	145,297
세금 등 조정전 중간순이익	69,959	151,016
중간순이익	7,969	140,494

(단위 : 백만 엔)

중간 연결 대차대조표(2002년 8월기)

	이토요카도	다이에
유동자산	847,731	792,417
고정자산	1,540,661	1,719,808
유형 고정자산	864,622	1,119,890
무형 고정자산	140,903	51,330
투자 등	535,135	548,588
자산 합계	2,388,393	2,513,345
유동부채	536,050	1,884,541
고정부채	412,041	540,064
소수 주주	360,708	16,238
자본 합계	1,079,592	72,502
부채 및 자본 합계	2,388,393	2,513,345

(단위 : 백만 엔)

중간 연결 현금흐름 계산서(2002년 8월기)

	이토요카도	다이에
영업활동에 의한 현금흐름	153,275	61,435
투자활동에 의한 현금흐름	△95,055	6,503
재무활동에 의한 현금흐름	△4,473	△39,826

(단위 : 백만 엔)

매출액 영업이익률(영업이익 ÷ 매출액)
이토요카도 6.9%   다이에 1.8%

유동비율(유동자산 ÷ 유동부채)
이토요카도 158.1%   다이에 42.0%

Case Study

점유율 1위의 장점은 무엇일까

●● 기린과 아사히를 비교해보자

맥주업계의 기린과 아사히의 2001년 12월 결산의 매출액을 보면 아사히가 48년 만에 기린을 제치고 업계 매출액 1위를 차지하였다. 또 이 기세를 몰아 맥주 및 발포주 시장의 출하량 시장 점유율도 1위를 차지했다.

두 회사를 비교하면, 매출액 총이익률로는 기린이 아사히를 웃돌았지만 매출액 영업이익률에서는 아사히가 기린의 2배 이상의 수치를 보여주고 있다. 이것은 아사히가 기린에 비해 판매비 및 일반관리비가 상당히 낮은 수치임을 의미한다.

즉, 아사히는 점유율 1위의 상품(슈퍼드라이)을 가지고 있으므로 신제품 개발보다는 기존 제품의 판매에 중점을 둠으로써 연구개발비가 기린의 4분의 1 이하, 기린은 아사히의 추격을 의식해 판매 장려금을 전기(57929백만 엔)의 1.3배나 지출했기 때문이다. 또한 점유율 1위를 차지하면 프라이스 리더십을 수상하거나 광고 선전비를 들이지 않아도 매스컴에서 뉴스로 다루는 등 여러 가지 면에서 유리하다.

손익결산서(2001년 12월기)

	기린	아사히
매출액	1,028,403	1,121,920
매출원가	730,267	827,175
매출액 총이익	298,136	294,745
판매비 및 일반관리비	263,170	216,373
영업이익	34,965	78,371
영업 외 손익	9,615	△15,636
경상이익	44,580	62,735
특별손익	△10,522	△45,309
세공제전 이익	34,058	17,426
당기이익	19,382	7,259

(단위 : 백만 엔)

대차대조표(2001년 12월기)

	기린	아사히
유동자산	367,733	337,893
고정자산	884,022	810,325
유형 고정자산	419,869	569,267
무형 고정자산	6,609	7,953
투자 등	457,543	233,104
자산 합계	1,251,755	1,148,219
유동부채	315,770	498,713
고정부채	244,107	261,185
자본 합계	691,878	388,320
부채 및 자본 합계	1,251,755	1,148,219

(단위 : 백만 엔)

매출액 총이익률(매출액 총이익 ÷ 매출액)

기린 29.0%   아사히 26.3%

매출액 영업이익률(영업이익 ÷ 매출액)

기린 3.4%   아사히 7.0%

Case Study

과대 차입금은
결산서에 어떤 영향을 미치는가

사례연구 ③

●● **부동산 하락으로 인한 부담은 크다**

불황 업종으로 자주 언급되는 건설업의 불황 원인은 공공 공사 삭감 등 시장 축소에 의한 것과 부동산 사업 실패한 후의 뒷처리 등의 원인에 의한 것으로 나누어 볼 수 있다. 전자는 경영 합리화를 실시함으로써 어느 정도 대응할 수 있으나 부동산 사업의 경우는 투자 규모와 하락률이 크기 때문에, 많은 부동산 회사가 파산하고 있는 것을 보면 알수 있듯 회사에 막대한 부담을 주고 있다.

여기서는 부동산업(아파트 판매사업)을 주력사업으로 하고 있는 건설 업체인 하세코(長谷工) 코포레이션과 불량채권이 비교적 적은 것으로 알려진 마에다(前田) 건설공업의 결산서를 비교해 보겠다.

매출액 총이익률은 거의 같은 수준이어서 수익력에는 큰 차이가 없다고 볼 수 있는데 하세코는 고정비율과 자기자본 비율이 마이너스로 채무초과 상태이다. 더욱이 지금까지 합계 3500억 엔의 차입금을 면제받고 있음을 감안하면, 차입금의 면제 없이 회사 존속이 가능했을지는 의문이다.

연결 손익결산서(2002년 3월기)

	하세코	마에다건설
매출액	446,718	439,756
매출원가	405,857	398,270
매출액 총이익	40,860	41,485
판매비 및 일반관리비	19,518	31,636
영업이익	21,342	9,848
영업 외 손익	△7,924	△604
경상이익	13,417	9,245
특별손익	△158,818	△6,640
세금 등 조정전 당기순이익	△145,399	2,605
당기순이익	△122,631	191

(단위 : 백만 엔)

연결 대차대조표(2002년 3월기)

	하세코	마에다건설
유동자산	290,303	478,752
고정자산	260,640	175,744
유형 고정자산	162,541	85,067
무형 고정자산	8,707	1,307
투자 등	89,391	89,370
자산 합계	550,944	654,497
유동부채	163,394	405,720
고정부채	509,263	72,306
소수 주주	-	6,438
자본 합계	△121,713	170,031
부채 및 자본 합계	550,944	654,497

(단위 : 백만 엔)

부채비율(고정자산÷고정부채)

하세코 51.2%   마에다건설 243.1%

자기자본 비율(자기자본÷총자본)

하세코 △22.1%   마에다건설 26.0%

경영 합리화가 성공하면 어떻게 되는가

•• 닛산의 1995년과 2002년을 비교해보자

경영 합리화 성공의 상징으로 흔히 언급되는 닛산(日産)의 1995년 3월과 경영 합리화가 완료된 2002년 3월을 비교해 보았다.

우선 무엇보다도 눈에 띄는 변화는 적자에서 흑자로의 전환이다. 2002년 3월 총자본 경상이익률은 5.1%로 상당히 우수한 숫자다. 이같이 총자본 경상이익률이 높아진 이유로는 매출액 총이익률이 개선되었다는 점, 즉 매출원가 절감의 결과이다. 다른 수치에 두드러진 변화가 없다는 사실에서 경영 합리화의 성공은 자동차 제조 코스트의 삭감에 의한 것이라고 말할 수 있다.

한편 총자본 회전율은 1.1%에서 0.8%로 대폭 하락했는데, 이는 매출액이 12% 이하의 마이너스를 기록했다는 점, 또한 총자본이 23% 증가했다는 점이 영향을 끼친 결과다. 이런 이유에서 판매 회복이 닛산의 실적 개선의 원동력은 아니었음을 알 수 있다. 즉 코스트 삭감을 통해, 확대 전략을 취하지 않더라도 이익을 낼 수 있는 체제를 정비했다고 말할 수 있다.

닛산의 손익결산서

	1995년	2002년
매출액	3,407,512	3,019,860
매출원가	2,990,884	2,362,435
매출액 총이익	416,628	657,425
판매비 및 일반관리비	491,438	415,145
영업이익	△74,810	242,279
영업 외 손익	13,737	△44,347
경상이익	△61,072	197,932
특별손익	168	△124,916
세공제전 이익	△60,905	73,016
당기이익	△61,040	183,449

(단위 : 백만 엔)

닛산의 대차대조표

	1995년	2002년
유동자산	1,077,918	1,680,664
고정자산	2,093,006	2,228,675
유형 고정자산	866,077	545,922
무형 고정자산	1,689	22,431
투자 등	1,225,239	1,660,320
자산 합계	3,170,924	3,915,031
유동부채	971,710	841,164
고정부채	680,749	1,244,813
자본 합계	1,518,464	1,829,052
부채 및 자본 합계	3,170,924	3,915,031

(단위 : 백만 엔)

닛산의 매출액 총이익률(매출액 총이익 ÷ 매출액)

1995년 12.2%   2002년 21.8%

닛산의 총자본 회전율(매출액 ÷ 총자본)

1995년 1.1 회전   2002년 0.8회전

Case Study

인터넷 거품 붕괴 전과 붕괴 후

사례연구 ⑤

•• 소프트뱅크의 비즈니스 모델 변화

소프트뱅크는 1995년 주식공개 이후, ①자본시장을 효과적으로 이용하여 자금 조달을 했으며 다양한 기업 매수를 실시한 시기, ②나스닥 재팬(현재의 헤라클레스)을 설립하여 인터넷 재벌을 목표로 삼은 시기(인터넷 거품경제기), ③인터넷 거품이 붕괴한 이후 yahoo! BB의 보급에 매진한 시기(2003년 현재)로 기업의 모습을 바꾸어왔다. 이와 같은 비즈니스 모델의 변화는 현금흐름 계산서에 확실하게 드러나고 있다.

인터넷 거품기에는 자본시장에서 조달한 자금으로 투자를 왕성하게 실시했기 때문에 투자활동에 의한 현금흐름이 마이너스 상태였다. 이에 반해 최근에는 이미 공개한 투자선의 주식 등을 매각하여, 영업활동에 의한 현금흐름의 마이너스 분과 재무활동에 의한 현금흐름의 마이너스 분을 커버하고자 했으나 결국 커버할 수 없어 현금예금 잔고가 감소하고 있다. yahoo! BB는 초기 투자분이 커서 최대한 빨리 영업 현금흐름을 흑자로 돌릴 필요가 있음을 아래의 현금흐름 계산서로 알 수 있다.

소프트뱅크의 연결 현금흐름 추이

단위 : 백만 엔

	영업활동에 의한 현금흐름	투자활동에 의한 현금흐름	재무활동에 의한 현금흐름	현금예금 기말 잔고
2000년 3월기	349	△60,341	220,914	268,060
2001년 3월기	△91,598	△42,612	24,548	159,105
2002년 3월기	△79,123	39,751	1,313	119,855
2002년 9월기(중간)	△11,219	63,574	△56,339	107,844
2001년 3월기부터의 누계	△181,940	60,713	△30,478	-

인터넷 거품기(2000년 3월기)에는 자본시장에서 조달한 자금으로 투자를 활발히 했기 때문에 투자활동에 의한 현금흐름이 마이너스다. 2001년 3월기 이후에는 주식을 매각해서 실시한 투자활동으로 현금흐름이 플러스이며, 이것으로 영업활동에 의한 현금흐름과 재무활동에 의한 현금흐름을 커버하고자 하나 불가능하여 현금예금 기말잔고가 줄어들고 있다.

소프트뱅크의 투자 활동에 의한 현금흐름의 내역

단위 : 백만 엔

	유가증권 취득	유가증권 매각	기타	투자활동에 의한 현금흐름
2000년 3월기	△299,091	159,905	78,845	60,341
2001년 3월기	△233,131	104,224	86,295	△42,612
2002년 3월기	△71,426	157,985	△46,808	39,751
2002년 9월기(중간)	△20,441	110,261	△26,246	63,574
2001년 3월기부터의 누계	△324,998	372,470	13,241	60,713

POINT

비즈니스 모델이 바뀌면 현금의 흐름도 변화한다

마케팅 감각을 익히지 않으면
매출은 늘지 않는다

2
8 34
6 7 9

마케팅이란 무엇인가

●● 마케팅을 이해하지 못하는 회사는 위험하다

비즈니스맨에게 마케팅이라는 단어는 자주 접하는 것이고 서점에 다양한 책들이 나와 있다. 하지만 마케팅에 관해서는 수많은 이론과 견해가 있으므로 어느 것이 정확하다고 단언할 수는 없다. 따라서 여기서는 마케팅이 무엇인지 이해하는 정도로 접근해보고자 한다.

마케팅이란 고객이 어떠한 상품을 원하고 있는지 조사하고, 그 조사 결과를 통해 고객이 원하고 있는 것을 제품화하고, 그 제품을 효과적인 판매 방법으로 판매하고, 최종적으로 제품을 구입한 고객의 만족도를 조사하기까지의 과정을 말한다.

마케팅을 무시한 경영에서는 '뛰어난 제품을 만들었으니 팔릴 것'이라든가 '좋은 물건만 만들면 손님은 제 발로 찾아온다'는 식의 독선적인 스타일로 나가기 쉽다. 사실 과거의 고도성장기에는 마케팅을 무시한 경영으로도 어떻게든 잘 버틸 수 있었다. 그러나 오늘날과 같이 매출이 늘지 않는 시대에 마케팅을 모르는 기업은 살아남을 수 없게 되었다.

마케팅이란?

마케팅을 도입한 경영

- 고객이 무엇을 원하고 있는지 분석한다
- 고객이 원하고 있는 제품을 만든다
- 고객에게 어필하는 판매 방법으로 판매한다

마케팅을 무시한 경영

- 좋은 물건을 만드는 것만 생각한다
- 좋은 제품이므로 팔릴 것이라고 생각한다

 POINT

올바른 마케터는 고객을 중시한다

과거 아사히 맥주는 업계에서도 낮은 시장점유율로 고전했지만, 마케팅 개념을 도입하고 1986년 아사히 슈퍼드라이라는 제품을 발매하면서 일약 시장점유율 1위로 올라섰다.

아사히 맥주는 마켓 인이라는 마케팅 방식을 도입하여 고객만족을 제일로 생각하는 경영으로 전환했다. 마켓 인은 말 그대로 마켓(시장) 중심의 사고방식, 즉 고객이 원하는 물건을 만들겠다는 생각이다. 그 전까지는 프러덕트 아웃(뛰어난 제품을 만들었으므로 팔릴 것이다)이라는 사고방식으로 경영해왔던 것이다.

이와 같이 마케팅이란, 제품 지향(프러덕트 아웃)이 아닌 고객 지향(마켓 인)의 사고방식을 경영에 도입해 나가는 것이다. 즉 모든 것은 고객이 있고 난 다음이라는 말이다.

아사히 맥주가 극적으로 변신한 것처럼, 마케팅은 엄청난 위력을 지니고 있다. 오늘날 많은 회사들이 생존경쟁에서 살아남기 위해서는 고객 만족을 테마로 경영전략을 모색하지 않을 수 없다. 따라서 마케팅을 이해하지 못하면 경영전략도 이해할 수 없게 된다.

마케팅을 단순히 시장조사나 리서치로 생각하는 독자도 있을지 모르겠지만, 마케팅은 조사나 리서치는 물론이고 고객에게 제품을 팔고 고객 만족도를 확인하기까지의 전 과정을 의미한다.

마켓 인과 프러덕트 아웃

마켓 인

- 시장을 조사하여 고객이 원하는 물건을 만들겠다는 사고방식

프러덕트 아웃

- 좋은 제품을 만들었으니 팔릴 것이라는 사고방식

 **POINT**

고도성장기에는 프러덕트 아웃의 정신으로도 매출이 늘었으나
요즘과 같은 불황의 시대에는
마켓 인 방식을 도입한 회사의 매출이 늘고 있다

소비자가 원하는 것을 이해하라

●● 1차적 욕구(needs)와 2차적 욕구(wants)를 이해하라

고객만족을 생각할 때는 고객인 소비자의 욕구를 알아야만 한다. 마케팅에서는 소비자의 욕구를 1차적 욕구(needs)와 2차적 욕구(wants)로 구분한다.

1차적 욕구는 모든 것의 기본이 되는 욕구로, 자고 싶거나 맛있는 음식을 먹고 싶은 등의 생리적인 욕구와 목적지에 가고 싶은 욕구 등이 이에 해당한다.

한편 2차적 욕구는 1차적 욕구가 한 단계 높아진 욕구인데, 맛있는 음식을 먹고 싶은 욕망이 1차적 욕구라면 치즈 햄버거가 먹고 싶은 것은 2차적 욕구에 해당한다.

마케팅에서는 소비자의 1차적 욕구를 적확하게 파악하고 마케팅 활동을 통해서 소비자가 자사의 제품을 원하도록 2차적 욕구로 연결시키는 것이 중요하다. 다만 1차적 욕구가 없는 경우라도 광고나 프리테스트(무료샘플 배포) 등을 통해서 1차적 욕구를 환기시킬 수도 있다. 그러므로 소비자의 1차적 욕구가 어디에 있는가를 찾는 것도 중요하지만 이미지 전략 등을 통해서 1차적 욕구를 환기시켜 나가는 것도 마케팅 활동의 한 방법이다. 즉 고객 만족이란 소비자의 1차적 욕구나 2차적 욕구를 만족시키는 것이다.

1차적 욕구란?

1차적 욕구

생리적 욕구
자고 싶다, 먹고 싶다, 가고 싶다 등 기본적 욕구

2차적 욕구

생리적 욕구가 충족된 상태의,
1차적 욕구보다 한 단계 높아진 욕구

 POINT

1차적 욕구를 적확하게 파악하여 2차적 욕구로 연결시켜 나간다

자사 제품을 구입하도록 만든다

●● 욕구는 5단계로 이루어져 있다

매슬로우(Abraham Maslow, 1908~1970)의 욕구 5단계설에서는 인간의 욕구를 다섯 단계로 나누고 이 각 단계에 마켓(시장)이 있다고 본다. 매슬로우의 욕구 5단계설에서는 욕구를 ①생리적 욕구 ②안전의 욕구 ③친화의 욕구 ④자아의 욕구 ⑤자기실현의 욕구로 나누고 있다.

①생리적 욕구는 생존해 나가는 데 필요한 최소한의 것을 원하는 상태로, 의식주 등의 근원적인 욕구이다.

②안전의 욕구는 병이나 사고로부터 자신의 몸을 보호하고자 하는 욕구이다.

③친화의 욕구는 인간관계에서 애정이나 우정을 구하는 집단귀속의 욕구이다.

④자아의 욕구는 사회적으로 인정받고 싶고 존경받고 싶어하는 인지욕구이다.

⑤자기실현의 욕구는 자신의 능력, 가능성을 발휘하여 창조적 활동이나 자기의 성장을 도모하고자 하는 욕구로 충족감이나 달성감을 느끼고자 하는 욕구이다.

이와 같이 인간의 욕구는 경제적인 여유에 비례해서 높은 단계의 욕구로 이행한다고 보는 것이 매슬로우의 욕구 5단계설이다.

매슬로우의 욕구 5단계설

자기실현의 욕구
(충족감을 느끼고 싶다)

자아의 욕구
(사회적으로 인정받고 싶은 욕구)

친화의 욕구
(집단귀속의 욕구)

안전의 욕구
(안전하게 있고 싶은 욕구)

생리적 욕구
(의식주에 대한 기본적인 욕구)

위를 목표로 나아간다

소비자의 구매행동을 연구하라

AIDMA모델, AMTUL모델
구매하기까지의 심리적 과정을 분석해보자

•• AIDMA모델

소비자는 대개 광고나 주변사람들로부터 상품에 대한 정보를 접하므로 구매하기까지 몇 단계의 심리적 과정을 거친다고 볼 수 있다. 이 심리적 과정을 이해하는 방식으로, AIDMA모델을 들 수 있다. AIDMA는 주의(Attention), 관심(Interest), 욕구(Desire), 기억(Memory), 행동(Action)을 의미하는데, 소비자는 광고 등으로 상품을 알게 되고(A), 흥미(I)와 욕구(D)를 느끼게 되고 기억(M)하고 최종적으로 구입(A)한다고 보는 이론이다. 마케팅 담당자들이 AIDMA모델을 참고로 해서 광고전략 등을 세운다면 큰 효과를 볼 수 있을 것이다.

예를 들어서 상품이 팔리지 않을 때 AIDMA모델을 이용해 분석해보면 그 원인을 찾을 수도 있다. 원래, 상품이 세상에 알려지지 않는다면 소비자가 구입하는 일도 힘들 것이다. 그러므로 가장 먼저 해야 할 일은 AIDMA모델의 첫 단계인 주의(Attention)를 촉구하는 마케팅 실행이며 다음 단계도 각각의 단계에 적합한 대처법을 강구하여야 할 것이다.

그리고 한 가지 주의해야 할 점은 모든 소비자가 AIDMA모델에 따라서 구매하지는 않는다는 사실이다.

AIDMA모델

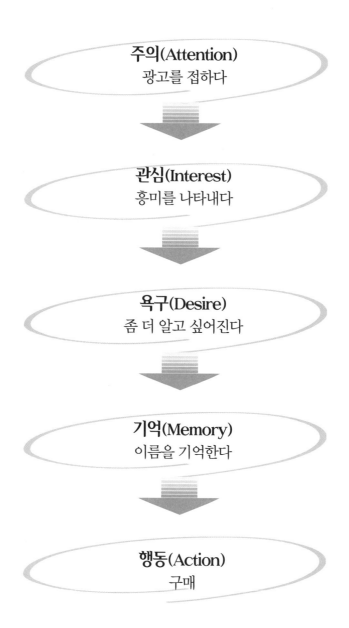

주의(Attention)
광고를 접하다

관심(Interest)
흥미를 나타내다

욕구(Desire)
좀 더 알고 싶어진다

기억(Memory)
이름을 기억한다

행동(Action)
구매

•• AMTUL모델

AIDMA모델이 상품을 최초로 구입하기까지의 소비자의 심리적 과정을 설명한 것이라면, 상품을 구입한 뒤의 소비자의 심리적 과정을 설명하는 것으로 AMTUL모델이 있다.

AMTUL모델은 AIDMA모델에는 없는 장기적 시야에 입각한 마케팅 모델로, 인지(Awareness), 기억(Memory), 시험사용(Trial), 사용(Usage), 로얄티(Loyalty)를 의미한다. 광고 등으로 상품을 알리고(A) 인상 지우며(M) 프리테스트 등으로 시험사용(T)을 유도하고 최초의 구입을 통해 사용한 다음에 재구입(L)하게 되는 심리적 과정을 설명하고 있다.

AMTUL모델을 사용한 전략으로, 홈페이지에서 상품을 판매할 경우를 생각해보자. 야후 같은 검색 엔진에 등록하거나 광고를 해서 인지도를 높인 다음에 홈페이지로 강한 인상을 심어 기억하도록 하고 나아가 프리테스트를 통해 시험사용을 유도한 다음 상품을 직접 구입하게 되면 메일을 통해 재구입하도록 유도해서 결국에는 단골고객으로 만드는 것이다.

AMTUL모델

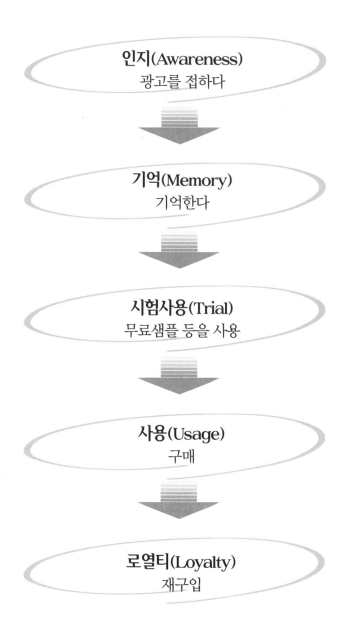

인지(Awareness)
광고를 접하다

기억(Memory)
기억한다

시험사용(Trial)
무료샘플 등을 사용

사용(Usage)
구매

로열티(Loyalty)
재구입

80대 20의 법칙

이 80대 20의 법칙은 이탈리아의 경제학자 파레토(Vilfredo Pareto 1848~1923)가 발견한 것으로 파레토(Pareto) 법칙이라고도 하는데, 사회의 부의 80%는 20%의 인간에 집중되어 있다는 것이다. 마케팅에서 보면 전체고객 중 20%가 전체 매출의 80%를 올리고 있다는 말이다.

이 법칙은 상품에도 적용할 수 있는데, 20%의 상품이 80%의 매출을 올리고 있다고 보는 것이다. 예를 들어 전체 매출이 100이고 고객 수가 100명일 경우에 상위의 고객 20명이 80의 매출을 올리고 하위 80명이 20의 매출을 올리고 있다는 이야기다. 또 상품에 적용시켜 보면, 전체 매출이 100이고 상품이 10종류인 경우 상위 두 개의 상품으로 80의 매출을 올리고 있으며 하위 8개의 상품으로 20의 매출을 올리고 있다는 것이다.

10%로 90%를 차지하는 경우가 있는가 하면 30%로 70%를 차지하는 경우도 있는 것처럼 업종이나 회사에 따라서 차이는 있으나 상위의 고객이 매출의 대부분을 차지한다. 이 법칙을 마케팅에 활용하기 위해서는 상위의 고객을 놓치지 않는 전략을 취하는 것이 중요하다. 즉 상위의 고객이 전체 매출의 대부분을 올리고 있으므로 상위의 고객 1명을 잃는 것과 하위의 고객 1명을 잃는 것은 손실의 크기에 엄청난 차이가 있기 때문이다.

파레토 법칙

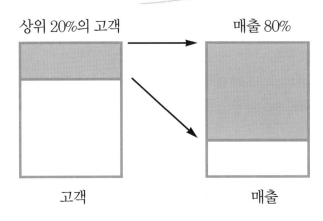

상위 20%의 고객

매출 80%

고객

매출

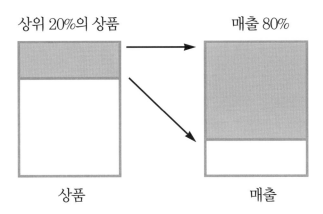

상위 20%의 상품

매출 80%

상품

매출

소비자 지향의 전략을 배우자

•• 4P를 기본으로 마케팅 전략을 세우자

마케팅 전략에서는 시장에 적합한 제품이나 광고를 택하는 것이 대단히 중요하다. 이때 흔히 이용되는 것으로 4P가 있는데, 제품 전략(Product), 유통 전략(Place), 가격 전략(Price), 프로모션 전략(Promotion)이며, 이를 조합시킨 것으로 마케팅 믹스 전략이 있다. 즉 마케팅에서는 이들 4P를 중심으로 전략을 세워나간다.

제품 전략은 품질, 특징, 디자인, 포장, 크기, 보증, 브랜드, 경품 등 상품에 관한 모든 전략을 말한다. 소비자가 무엇을 원하고 있는지 분석하여 전략을 세운다. 물론 상품에는 물건과 같은 유형의 것은 물론이고 서비스 같은 무형의 것도 포함된다.

유통 전략은 판매루트(판매 장소), 운송, 재고, 범위 등을 상품에 맞추어서 세우고 소비자, 즉 팔고 싶은 대상에게 가장 효율적인 방법으로 거래처와 유통 경로, 판매처 등을 선택해 나간다.

가격전략은 정가, 할인율, 지불기간 등을 코스트 면까지 고려해서 결정해 나가는 전략이다. 가격전략에 관해서는 뒤에서 자세히 설명하겠다.

프로모션 전략이란 광고 및 선전활동을 위시하여 판매촉진 활동 전반을 말한다.

마케팅 믹스

제품 전략 (Product)

품질
특징
디자인
포장
…… 등

유통 전략 (Place)

판매
운송
재고
범위
…… 등

가격전략 (Price)

정가
할인율
지불기간
…… 등

프로모션 (Promotion)

광고
판매
촉진
…… 등

이와 같이 마케팅에서는 마케팅 믹스 전략을 구사해서, 목표로 삼은 소비자에게 상품을 판매해 나간다.

●● 4C 전략

4P가 기업측이 목표 대상으로 삼은 소비자에게 상품을 팔기 위한 전략이라고 한다면 소비자측에서 기업이 어떻게 보여지고 있는가를 판단하여 마케팅 전략에 활용하고자 하는 것이 4C 전략이다.

4C는 고객가치(Customer value), 대가(Cost), 편리성(Convenience), 커뮤니케이션(Communication)이다. 고객 가치란 고객이 인정하는 상품의 가치, 대가란 고객이 지불해도 좋다고 생각하는 가격, 편리성이란 고객이 구입하기 쉽거나 시험사용하기 쉬운 것을 말한다. 마지막으로 커뮤니케이션이란 고객과 기업의 양방향 커뮤니케이션을 의미한다.

이 4P와 4C는 아래와 같이 대응하는데 4C가 더 고객 지향적인 전략이라고 하겠다.

마케팅의 4C

마케팅의 4P   마케팅의 4C

제품
(Product)

고객 가치
(Customer Value)

가격
(Price)

대가
(Cost)

유통
(Place)

편리성
(Convenience)

프로모션
(Promotion)

커뮤니케이션
(Communication)

시장을 이해하고 공략하자

세분화와 타게팅
시장을 압축해 적확한 마케팅을 실시하자

●● 어디의 누구에게 팔고 싶은지를 먼저 파악하라

소비자를 파악하라는 말이다. 시장은 다양한 생각을 가진 사람들의 집합체이므로 가치관이나 생활방식이 각기 다르다. 고객의 입장에서 생각한다고는 하지만 다양한 가치관을 모두 만족시키는 마케팅 전략이란 불가능하다. 그렇다고 요즘처럼 가치관이 세분화되고 개성이 중시되는 시대에 한 가지 마케팅으로 그 모든 사람들을 만족시킬 수는 없다.

따라서 현재의 마케팅 전략에서는 시장을 몇 개의 단위, 즉 집단 (segment)으로 세분화시켜 각 집단에 가장 효과적인 마케팅 믹스를 개발해내고 있다.

예를 들어 비교적 부유한 사람과 일반 사람들과는 당연히 가치관이 다를 것이므로 두 개의 집단으로 분할하고 그에 맞는 마케팅 전략을 실시한다. 이처럼 한 개의 시장을 어떤 기준에 의해 유형별로 나누는 것을 세분화(segmentation)라고 하는데, 항공회사가 여객기의 좌석을 이코노미 클래스, 비즈니스 클래스, 퍼스트 클래스로 나누는 것도 세분화의 한 예라고 할 수 있다.

세분화

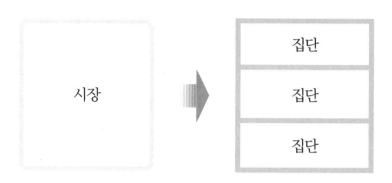

시장을 몇 개의 집단으로 나누는 것을 세분화라고 한다

사례)
항공회사의 세분화전략

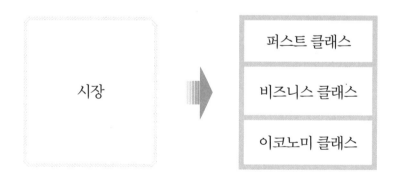

•• 시장, 즉 소비자를 압축하라

세분화로 시장을 분할한 다음에 어떤 집단을 중점적으로 노릴 것인가를 결정하는 것이 타게팅(targeting)이며 타게팅으로 선택한 집단을 타겟 마켓(target market)이라고 한다.

기업은 자사의 특성이나 자원이 꼭 들어맞는 타겟 마켓을 선택함으로써 마침내 상품을 판매할 가능성을 찾아내는데 이것이 바로 진정한 마케팅이다. 타겟 마켓 즉 목표로 한 소비자를 공략하기 위한 전략으로는 무차별 마케팅, 차별화 마케팅, 집중 마케팅이 있다.

무차별 마케팅은 말 그대로 시장 전체에 대해 한 개의 마케팅 믹스로 대처하는 전략이므로 사실상 시장의 다양한 집단(segment)을 완전히 무시하는 것이다. 가치관의 다양화가 두드러진 오늘날은 이런 전략으로 소비자를 만족시키기는 어렵다.

차별화 마케팅은 시장을 어떤 기준에 따라 몇 개의 집단으로 나누고 각 집단에 대해 개별적인 마케팅 믹스로 대처하는 전략이다. 예를 들어 항공회사는 비행기로 이동하는 소비자에 대해서 이코노미 클래스, 비즈니스 클래스, 퍼스트 클래스를 준비함으로써 세 개의 마케팅 믹스 전략으로 대처하고 있다고 할 수 있다.

집중 마케팅이란 시장을 몇 개의 집단으로 나누고 그 중 한 개의 집단에 집중해 마케팅 믹스를 실행하는 방법이다. 가치관이나 개성이 다양해진 오늘날 대부분의 기업들은 특정 시장을 타깃으로 삼는 이 집중 전략을 실시하여 타사와의 차별화를 꾀하는 추세다.

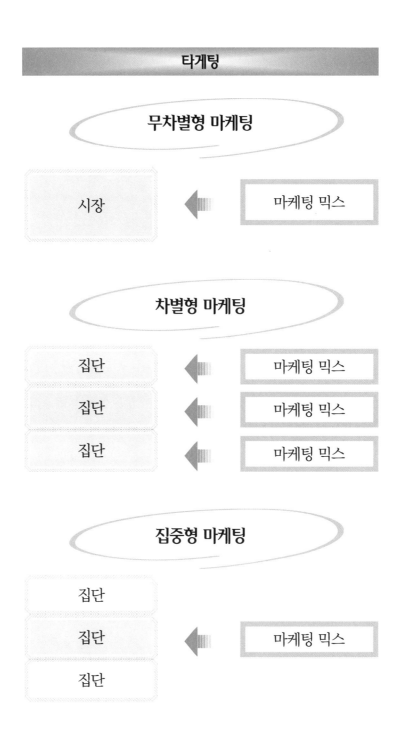

타게팅

무차별형 마케팅

시장 ⬅ 마케팅 믹스

차별형 마케팅

집단 ⬅ 마케팅 믹스

집단 ⬅ 마케팅 믹스

집단 ⬅ 마케팅 믹스

집중형 마케팅

집단

집단 ⬅ 마케팅 믹스

집단

프러덕트 라이프 사이클을 이해하라

●● 프러덕트 라이프 사이클로 적확한 전략을 세운다

인간에게 수명이 있듯이 상품에도 수명이 있다. 이 상품의 수명을 일컬어 프러덕트 라이프 사이클(product life cycle)이라고 한다.

프러덕트 라이프 사이클은 도입기, 성장기, 성숙기, 쇠퇴기 네 단계로 나눌 수 있는데 마케팅 전략에서는 각 단계에 맞는 전술을 개발해야만 한다.

도입기는 상품이 소비자에게 아직 인지되지 않은 상태이므로 광고 선전비 등의 코스트가 커서 이익을 내기 어려운 단계라고 할 수 있다.

성장기는 시장이 커지면서 후발기업이 속속 시장에 참여함으로써 경쟁이 심해지지만 매출, 이익 모두 늘어나는 성장 단계이다.

성숙기는 수요가 포화상태에 이르고 마침내 시장의 확대가 멈추는 시기로, 이때는 가격 경쟁이 심해지는 등 이익이 점차 낮아진다.

쇠퇴기는 수요가 줄어들어 매출이나 이익 모두 떨어지며 이익을 낼 수 없어 퇴각하는 기업들이 나온다.

요즘과 같은 불황기에는 이 프러덕트 라이프 사이클에 대한 인식이 점점 더 중요해지고 있다. 상품이 현재 어떤 단계에 있는가를 제대로 분석하지 못하는 기업들은 예를 들어 성숙기의 상품에 신규 참여하는 식으로 실패하기 십상이다.

프러덕트 라이프 사이클

도입기

상품이 인지되지 않은 상태라 광고선전비 등의 코스트가
크므로 이익을 내기 어렵다

성장기

후발기업의 참여로 경쟁이 심해지지만
매출과 이익 모두 높은 성장을 보인다

성숙기

시장 확대가 멈추고 가격경쟁이 더욱 심화되며
이익이 낮아진다

쇠퇴기

수요가 줄어들어 매출과 이익이 모두 낮아진다

설사 도입기에 참여하여 성장기를 구가하면서 이익을 올렸다 하더라도 차기 상품을 개발하지 못한다면 회사는 그 상품과 더불어 쇠퇴하리라는 것을 충분히 예상할 수 있다. 그러므로 상품의 성장기 단계를 포착하여 이익을 올리는 동안에 다음 성장기로 들어갈 상품을 개발해야 한다.

●● 프러덕트 라이프 사이클이 짧아지고 있다

가치관이 다양해지고 개성이 중시되면서 프러덕트 라이프 사이클도 짧아지는 추세다. 어떤 상품이 잘 팔린다고 하면 많은 기업이 일제히 참여하고 곧바로 가격경쟁으로 돌입하며, 기업들은 경쟁에서 살아남기 위해 속속 새로운 상품을 개발하기 때문이다.

과거엔 정보 부족 등으로 상품이 소비자에게 침투하기까지 시간이 꽤 걸렸으나 현재는 인터넷이나 위성 TV, 케이블 TV 등 정보매체가 엄청나게 늘어나서 좋은 상품이라는 소문이 나면 순식간에 소비자에게로 침투하게 된 것도 프러덕트 라이프 사이클이 짧아진 원인 중 하나라고 볼 수 있다.

프러덕트 라이프 사이클의 이익과 매출액

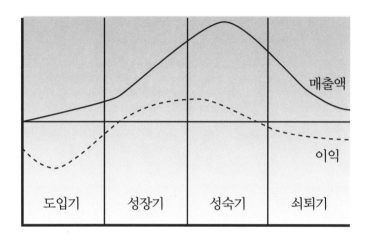

매출액

이익

| 도입기 | 성장기 | 성숙기 | 쇠퇴기 |

제품이 현재 어느 단계에 있는지가 중요하다

 POINT

각 단계에 따라 마케팅 전략도 달라진다

가격은 어떻게 결정되는가

•• 가격전략에는 다양한 시점이 존재한다

가격은 상품을 소비자에게 팔기 위한 마케팅 전략 전체에 큰 영향을 미친다. 가격결정은 코스트 지향형, 경쟁 지향형, 수요 지향형 등 몇 가지 방법으로 결정된다.

코스트 지향형은 코스트(원가)를 기준으로 해서 가격을 결정하는 방법인데 코스트에 일정한 비율 혹은 일정액을 추가시켜서 결정하게 된다.

경쟁 지향형은 경쟁사의 가격을 기준으로 가격을 정하는 방법이다. 같은 상품일 경우 타사보다 가격을 낮게 책정하여 경쟁력을 높이거나 반대로 가격을 높게 책정해서 고급 이미지를 만들어낼 수도 있다.

수요 지향형은 수요 관계를 분석하거나 소비자의 평가를 기준으로 가격을 정하는 방법이다. 소비자는 상품에 대해 '이 정도 가격이라면 지불해도 좋겠다'는 감을 가지고 상품을 구매한다. 이 감각을 지각가치라고 하며 이것을 기초로 가격을 책정하는 방법을 지각가치 가격결정이라고도 한다. 지각가치 가격결정을 실시할 경우에는, 시장 조사 등을 통해서 소비자의 지각가치를 정확하게 조사하여 파악해야만 한다.

가격전략

코스트 지향형

코스트에 기초해 가격을 결정한다

경쟁 지향형

경쟁사의 가격을 기준으로 가격을 결정한다

수요 지향형

소비자의 평가를 기준으로 가격을 결정한다

POINT

가격전략은 마케팅 전략 전체에 커다란 영향을 끼친다

•• 신제품의 가격은 어떻게 결정하는가?

신제품의 가격을 정할 때의 가격 결정법은 은폐가격 전략(skimming 전략)과 침투가격 전략(penetration 전략)으로 크게 둘로 나눌 수 있다.

은폐가격 전략은 처음부터 가격을 높게 책정하는 전략으로 개발비용을 조기에 회수할 수 있으므로 빨리 이익을 낼 수 있다. 개발비용을 회수한 다음에 순차적으로 가격을 내릴 수도 있고 가격을 높게 책정하여 이미지 향상을 노리는 측면도 있다. 다른 회사가 참여하기까지 시간적인 여유가 있는 경우나 신기술에 기초한 신상품에 주로 이용되는 가격전략이다.

침투가격 전략은 처음부터 가격을 낮게 책정하여 단숨에 시장에 침투시키고자 하는 전략으로 조기에 시장점유율을 확보하고자 할 때 주로 이용한다. 초기에는 충분한 이익을 낼 수 없으나 높은 점유율을 확보함으로써 시장에서 우위를 차지할 수 있다. 특히 경쟁 상대가 모방하기 쉬운 상품을 발매할 때 주로 이용하는 가격전략이다.

신제품의 가격전략

은폐가격전략
(skimming 전략)

처음부터 가격을 높이 책정해 개발비용 등을
회수한 다음에 순차적으로 가격을 내린다

침투가격 전략
(penetration 전략)

처음부터 가격을 낮게 책정하여
높은 점유율을 확보해 나간다

 POINT

침투가격 전략을 취할 경우 많은 자본이 필요하므로
어쩔 수 없이 은폐가격 전략을 취하는 경우가 많다

옮긴이의 말

인터넷을 검색하면 무엇이든 찾아낼 수 있는 시대라고 하지만 결국 책을 통해서만 정리되고 얻을 수 있는 맞춤 정보라는 것이 있다. 이 책을 번역하면서 그런 생각을 더욱 강하게 가지게 되었다.

요즈음처럼 경제가 어렵고 좀처럼 시장이 활성화되지 않는 시기에 자기 사업을 진단하고 활로를 찾아보는 것도 불경기를 이겨내는 한 방법이라고 생각한다. 사업이 잘 되고 돈이 잘 벌릴 때는 막상 자신을 진단하고 돌아볼 시간이 없을 터이므로.

소규모 가게를 운영하는 사람이든, 회사에 몸 담고 있는 비즈니스맨이든, 가정주부이든 자신의 사업이나 회사와 가계를 중간 진단하며 숫자로 정확하게 판단하고 체크할 수 있다면 만일에 대비할 수 있을 것이다. 객관적인 숫자로 계산해내고 이해한다면 현재의 상태를 정확하게 파악할 수 있을 것이다.

이 책은 단순하고 쉽다. 어려운 경영 서적이나 회계 관련서들을 대할 시간이 없는 바쁜 분들에게 실질적인 도움을 주는 내용들로 가득차 있다.

그리고 앞으로 내 사업을 하고 싶은 분, 회사 매출을 어떻게 올려야 하는지 고민하는 마케팅 담당자들도 이 책을 통해 경계해야 할 부분,

명심해야 할 부분, 기본적으로 체크해야 할 것이 무엇인지 알 수 있을 것이며, 어떤 사람과 어떤 회사와 거래를 해야 하는지도 체크할 수 있을 것이다.

이 책과 인연을 맺게 해준 분들에게 감사드린다.

2003년 11월 일본 미야기현에서 김은주